山东耕地质量评价与应用丛书

海阳耕地

于国进　范美玲 主编

山东大学出版社

《海阳耕地》编辑委员会

主　　编	于国进	范美玲			
副 主 编	姜国志	刘建晓	姜常松	李云朋	
	闫振芹	于忠兴	姜兆伟	迟照芳	
审　　稿	李早东				
制　　图	赵胜亭				
编　　员	于国进	于忠兴	于蓬波	于雪辉	于洪梅
	王红英	孙春竹	孙明松	孙忠苏	刘建晓
	闫振芹	李云朋	李兆国	李广龙	江守福
	吕连旭	吕绍华	迟照芳	陈云霞	杨福丽
	杨丽晖	杨德卿	杨　波	严喜清	张晓东
	蒋耀湖	范美玲	范　波	赵洪霞	姜常松
	姜兆伟	姜国志	姜学豪	姜明强	唐立海
	徐晓东	褚淑玲			
采样调查	姜国志	刘建晓	姜常松	迟照芳	姜兆伟
	孙春竹	孙明松	李兆国	严喜清	唐立海
	李云朋	于蓬波			
数据统计	范美玲	于雪辉	于洪梅		
样品化验	姜国志	纪兆民	李　雁	于和玲	于琳琳

前 言

土地是人类赖以生存和发展的最基本的资源，是一切物质生产中最基本的源泉。耕地是土地的精华，是农业生产中最基本的、不可替代的生产资料。随着农业发展进程的加快，耕地与人口、耕地与环境、耕地与粮食安全、耕地合理利用与管理已成为人们密切关注的重要课题。因此，开展耕地地力、环境调查与质量评价工作，了解耕地资源质量状况，加快测土配方施肥技术的推广利用，对提高农业的综合生产能力，增强我国农产品参与国际竞争的能力，促进农业结构调整和优质、高产、高效、安全、生态农业的发展，以及增加农产品数量、改善农产品品质、防治土壤面源污染、优化农业生产环境、降低生产成本和切实有效提高农业生产效益，具有举足轻重的作用，也是建设社会主义新农村的重要组成部分，更是实现农业可持续发展的必然选择。海阳市自2006年起实施国家测土配方施肥项目，同时开展了耕地地力调查与质量评价工作，对耕地进行了准确"诊断"，查清了耕地基础地力状况、耕地土壤理化性状、环境质量、水资源状况以及障碍因素，"辩证施治"，为提出耕地资源合理配置建议、种植业结构调整规划、标准化生产意见、农田污染防治措施和可持续发展战略提供了科学依据。根据《全国耕地地力调查与质量评价总体工作方案》及《全国耕地地力调查与质量评价技术规程》的要求，并结合海阳市耕地的实际情况，精心组织，科学谋划，严谨务实，勤奋工作，较圆满地完成了本次耕地地力调查与质量评价工作，并取得了一系列的成果。

2006年至2010年先后对海阳市的11个镇、3个街道办事处、3个工业园开发区的73600hm^2耕地进行了土壤取样和农户调查，共采集土壤样品7738个，其中小麦地2166个、玉米地1859个、花生地1547个、果茶园1393个和蔬菜园773个。化验分析了土壤有机质、全氮、碱解氮、有效磷、速效钾、缓效钾、交换性钙、交换性镁、有效硫、有效锌、有效铜、有效钼、有效铁、有效硼、有效锰及pH值等21个项目，共计化验44779项次。按照要求对7738个农户进行了生产情况调查，掌握了第一手资料。用于耕地地力评价的样点3938个，其中大田样点2910个，1/8为采耕层和亚耕层点位，1/4为采容重点位；蔬菜样点278个，其中1/3为采耕层、亚耕层和采容重点位；果茶园地样点750个，其中1/4为采容重点位。同时采集污染土壤样品34个，采集水样样品60个。通过系统分析，获得了翔实的数据，形成了海阳市耕地地力调查与质量评价工作报告、技术报告和专题报告，绘制了海阳市耕地地力等级图、海阳市土壤养分分布图、海阳市土地利用现状图等17种重要图件，建立了海阳市耕地资源信息管理系统和海阳市测土配方施肥专家咨询系统。

在耕地地力调查与质量评价工作中，因农业生产环境发生重大变化，情况复杂，工作范围广，又首次在耕地调查中采用先进的"3S"技术和模糊数学评价方法，技术难度高，时间紧，任务重，要求严。我们在得到了省、市业务上级的大力支持与帮助下，还承蒙烟台市测土配方施肥技术组、海阳市测土配方施肥技术顾问李早东、王洪章、张培萍、杨志峰、赵胜亭、孙强生等领导和同志多次亲临指导。海阳市农业局成立了工作领导小组、技术小组和专业小组：领导小组负责整个工作的协调；技术小组负责工作方案的制定和落实；专业小组负责野外调查、土样采集、资料收集、数理统计和资料录入。海阳市土肥站检测中心承担了有机质、大量元素、中量元素、pH值等的测试任务。山东农业大学资源环境学院承担了数字化图件的制作。在江苏省扬州市土肥站、山东农业大学资源环境学院的大力支持与协作下，建立起了海阳市耕地资源信息管理系统和测土配方施肥系统。在此，我们一并致谢！

为了将调查与评价成果尽快应用于生产，在山东省农业厅、山东省土壤肥料总站和海阳市委、市政府的正确领导下，以总结调查与评价成果为基础，借鉴第二次土壤普查的部分成果，编写了《海阳耕地》一书。首次全面系统地阐述了海阳市耕地资源类型、地力状况、环境质量和利用状况等。书中引用了大量调查结果与化验数据，并配以成果图表，增加了可读性。

由于我们的水平有限，加之时间仓促，书中难免存在问题，希望广大读者及专家学者们批评指正，以便进一步修改提高。

编　者

2010年11月

序　言

土地是人类赖以生存的重要资源,关系到社会的稳定和发展。只有合理利用土地和切实保护耕地,才能促进经济的可持续发展。新中国成立以来,历届海阳市市委、市政府十分重视耕地保护工作,1958年和1984年先后两次开展了土壤普查,对土壤资源进行了质量评价,全面摸清了各种土壤的类型、面积、分布和生产性能,为土地资源的综合利用、施肥制度改革、大面积提高粮食产量和农民增收作出了积极贡献。

海阳市地处胶东半岛中南部,属典型的农业县(市)。近年来,海阳市经济出现了前所未有的变化,人民生活水平也不断提高,对农产品质量的要求也越来越高。面对人口、资源、环境的多重压力,以及改革开放以来农村经营体制、耕作制度、种植制度的变化,还有化肥及农药的使用等,使耕地质量也发生了很大变化,人们对提高农业生产效益越来越重视,再依据过去的数据指导现实的农业生产已失去意义。

面对农业土地利用现状、耕地地力条件的新形势、新变化,2005年,农业部适时启动了全国测土配方施肥资金补贴试点项目,我市成为2006年试点县(市)之一。按照国家农业部的统一部署,海阳市农业局在山东省、烟台市业务上级的支持帮助下,组织全市广大农业科技工作者,历经四年多的艰辛努力,通过实地采集、科学分析和精心汇总整理,完成了《海阳耕地》这部全面反映海阳市耕地状况的专著。

《海阳耕地》的出版发行,是海阳农业发展史上的一件大事,标志着我市的农业科研水平又上了一个新台阶。该书既有理论又有实践,是全市农业生产的工作指南,希望广大农业、科技、行政工作者和农民朋友们,认真学习、借鉴并加以应用。同时,也希望农业部门根据大家的意见和要求,不断对该书进行补充、更新和完善,使其更具针对性和指导性,为推广新技术、新品种提供准确依据,为农民增收、农业发展和建设新农村作出更大的贡献。

海阳市人民政府副市长
纪广惟

目 录

第二篇 耕地地力与质量分析

第三篇 耕地资源可持续利用对策与建议

专 题

第一篇　耕地地力调查与评价

第一章　自然与农业生产概况

海阳市位于胶东半岛中南部，地跨东经 120°50′～121°29′，北纬 36°16′～37°10′，东邻乳山市、牟平区，西接莱阳市，北连栖霞市，南临黄海，西南隔丁字湾与青岛市相望。处于烟台、威海和青岛三个对外开放城市的中心地带。南北长 64km，东西宽 54.4km，总面积为 1886.84km^2，海岸线长 130km。如图 1-1 所示。

图 1-1　海阳市在山东省的位置示意图

海阳因地处黄海之北而得名，早在新石器时代就有人居住。据史书记载，商、周时属莱子国，几经变革，至清雍正十三年（1753 年）裁卫设县。1941 年，海阳抗日民主政府成立，先后隶属东海、中海专区。建国后，先后隶属文登、莱阳、烟台专署。1984 年属烟台市，1996 年经国务院批准撤县设市，辖 11

个镇、3 个街道办事处，共 732 个行政村，总人口 66.65 万人，其中农业人口 58.61 万人，农业户数 21.69 万户，农业劳动力 33.55 万人。如表 1-1 所示。

表 1-1　　2008 年海阳市各镇(办事处)人口与耕地统计

镇、办事处	总人口（人）	农业人口（人）	非农业人口（人）	耕地面积（hm^2）	人均耕地（m^2）
合计	666754	460744	206010	67682	1015
东村办事处	66261	0	66261	2709	409
方圆办事处	66996	0	66996	2355	352
凤城办事处	36526	0	36526	2052	562
徐家店镇	48531	40714	7817	6249	1288
郭城镇	44017	42902	1115	6380	1449
发城镇	45413	42753	2660	5542	1220
朱吴镇	44933	41964	2969	6621	1474
盘石店镇	31203	27464	3739	4418	1416
小纪镇	54910	51171	3739	8042	1465
留格庄镇	58315	54485	3830	5344	916
二十里店镇	33811	32461	1350	4420	1307
行村镇	54272	51968	2304	5593	1031
大闫家镇	30110	26582	3528	2962	984
辛安镇	51456	48280	3176	4995	971

海阳市行政区划，如图 1-2 所示。

图 1-2　海阳市行政区划示意图

第一节 自然条件

一、气候

海阳市属于暖温带季风型大陆性气候,四季分明,季风进退明显。全市年平均气温 12.0℃,年际变化较小。极端最高气温 37.4℃,极端最低气温 -16.3℃。全年日平均气温稳定。通常大于或等于 0℃的日期为农耕期,始于 2 月 25 日,止于 12 月 9 日,历时 287 天。其间积温 4470.8℃,80%的积温保证率为 4230℃。大于或等于 10℃的日期为作物的生长期,始于 4 月 13 日,止于 11 月 2 日,历时 204 天。其间积温 3991.9℃,80%的积温保证率为 3730℃。大于或等于 20℃为高温期,始于 6 月 13 日,止于 9 月 17 日,历时 97 天。初霜期始于 10 月下旬,终霜期一般在 4 月上中旬,无霜期 209 天。海阳气温有北高南低的特点,由于南部沿海气温回升慢,物候期比北部晚 6～7 天。全市积温可满足作物二年三熟制需要,一年二熟则需采取间作套种方式进行。

海阳市平均年光照 2632.1 小时,平均日光照 7.1 小时,日光照百分率为 58%。作物生长的 4 月至 9 月份光照时数为 1381.4 小时,占全年光照总时数的 52%。全年太阳辐射总量为 509.1kJ/cm^2。作物生长的 4 月至 9 月,每月的辐射量都在 46.5kJ/cm^2 以上,六个月的总辐射量为 309.8kJ/cm^2,占全年的 61%。

海阳市年平均降水 694.5mm,年蒸发量 1541mm,相对湿度 71%,干燥度 1.05。雨季始于 7 月 2 日,终于 9 月 7 日。期间多年平均降雨 362.6mm,占全年平均降雨量的52.2%,雨量集中在作物生长迅速的高温期,雨热同季,有利于多种农作物的生长发育。

二、地形

地形决定着土地的分布和质量。海阳地形起伏,沟壑纵横,民间有"七分山丘,三分平地"之说。坐落在留格庄镇东部与乳山交界处的玉皇山,海拔 589m。境内招虎山海拔549.7m,东西横卧于中部,形成自然屋脊,是南北分水岭,主要河流的发源地。向南有留格河、东村河、纪疃河、白沙河,都流入黄海,并在河流中下游入海口处形成滨海小平原。北部和西部有林寺山、晶山、南榆山、香山等断续相连形成丘陵区。昌水河由东向西从发城西坊坞进莱阳流入五龙河。总体看,海阳市中部高,北部低,南部沿海更低,地形变化多样,比较复杂。沿海分布有麻姑岛、鲁岛、鸭岛、岛子里、千里岩五个岛屿和丁字湾、大埠圈、羊角畔、马河港四个港湾。湾内滩涂广阔，软泥淤积层厚，底质肥沃，底栖生物丰富，是鱼、虾、贝、藻类养殖的理想海域。

三、地貌

地貌影响和控制着水分与热量的重新分配，进一步影响到作物生长和农业生产。在全国地貌基本轮廓中，山东省属华北平原。在山东省地貌划分中，胶东半岛属低山丘陵。对海阳市来说，这样的划分显得笼统。在本次耕地地力调查评价中，根据与农业生产的关系，将海阳地貌进行了微域划分。采用二级分类法，一级为组合地貌，以地貌形态特征为依据。二级为微域地貌，以微域变化为依据。详见表1-2。

表1-2 海阳市微域地貌分类依据和标准

类型		低山	丘陵	平原
地貌成因		断块抬升，挤压，褶皱，剥蚀—侵蚀	挤压，褶皱，剥蚀，分割	断裂凹陷，外力沉积（第四纪沉积）
形态特征		山坡陡峭，沟谷深切，呈V或U形，多为穹型山、平顶山	地形浑圆，谷地平浅，无明显走向	洪积扇状，坡度小，开阔
岩石及土壤类型		花岗岩，混合花岗岩，变质岩等。棕壤性土，棕壤	变质岩，花岗岩等。棕壤，棕壤性土	洪积冲积物，海相沉积淤积物。棕壤，潮棕壤，潮土
植被景观		针叶林，阔叶林，荒草山。果林	灌木林，荒坡。果树，梯田	粮油作物，水平田
海拔高度(m)		＞300	＜300	
相对高度(m)		＞200	＜200	
勾画标准	起始高度(m)	100	50	
	起始坡度(°)	＞10	＞5	＜2

(一)组合地貌特征简述

1.低山。从构造地貌观点看，是由断裂的抬升和凹陷所形成。但地貌发展的现阶段，构造运动的影响退居次要地位，主要靠外部力的强烈切割形成，切割深度较大，脉络明显，山形多呈穹状。海拔大于300m，相对高度大于200m。主要由花岗岩组成。土壤被强烈侵蚀，水土流失严重。面积728km^2，多为岩石裸露的荒山，或土层浅薄的灌木林地。

2.丘陵。在低山周围，海拔在300m以下，相对高度在200m以下，坡度较缓，坡角线不明显，没有明显走向。主要由变质岩组成。由于长期外力剥蚀和分割，比较破碎，风化严重。开垦率高导致水土流失严重。面积731km^2，一般为林果桑柞或种植油料薯类等作物。

3.平原。由季节性洪水携带大量泥沙、石砾在山麓地带形成洪积扇，或由河流冲积淤积而成，在河谷中下游沿岸呈带状分布，土层深厚，土质肥沃，灌排条件好。面积428km^2，适种各种作物。

（二）各微域地貌名称及特征简述

1.石质山岭。分布于低山上部，岩石裸露。

2.荒坡岭。分布于低山中上部和丘陵顶部，残积坡积物，土体厚度小于30cm，灌木林或荒草。

3.坡麓梯田。分布于低山丘陵坡麓地带，坡积洪积物，土体厚度大于30cm。

4.近山阶地。分布于山麓以下，较开阔，洪积冲积物，土体厚度大于80cm。

5.河谷梯田。分布于沿河两岸，冲积物，土体厚度大于100cm。

6.河漫滩。分布于河床上，冲积物，土体厚度大于150cm。

7.缓岗。海拔高度在100m以下，坡度缓，开阔，无明显走向。土体厚度大于80cm。

8.山前倾斜平地。海拔高度小于50m，比降为1/400～1/200，地形平缓开阔，冲积物。

9.滨海缓平地。平行于海岸线呈弯曲状分布，包括滨海缓平地、滩地等。由海相沉积及风成再造而成。土壤发育不明显，地下水矿化度高，多生长耐盐植物，部分已发展为防风固沙林。

四、水资源

海阳市多年平均水资源总量为$6.0\times10^8m^3$，其中地表水资源总量为$4.7\times10^8m^3$，地下水资源总量$1.3\times10^8m^3$。地表水主要来源于大气降水。20世纪建成中型水库3座，小Ⅰ型水库17座，小Ⅱ型水库89座，塘坝307座，总拦蓄库容$1.66\times10^8m^3$，兴利库容$8.8\times10^7m^3$。地下水靠大气降水补给。徐家店、发城一带多为石灰岩，挤压断层多，地下水丰富。招虎山系多为花岗岩型裂隙潜水，黄崖、泉水、朱吴西部多为脆性片麻岩带裂隙潜水。地下水位变化受季节影响较大，汛期地下水位升高，3月、4月份降水量偏小，加之春灌用水量大,地下水位急剧下降,年变幅为2～4m。有机电井2165眼。

五、地层岩石

人们通过地层来描述地质历史。将组成地壳的地层按其形成顺序划分为大小不等的单位,每个地层单位都有其相应的地质年代。最大的地质年代叫做"代",次一级的叫做"纪",接下来依次是"世"、"期"、"时"。与地质年代相对应的地层分别称为"界"、"系"、"统"、"阶"、"带"。地方区域性地层单位还有"群"、"组"、"段"等,分别与"统"、"阶"、"带"相呼应。

海阳境内出露的地层,由老到新有太古至元古界胶东群、中生界上侏罗系、白垩系和新生界第四系。太古至元古界胶东群以孤岛状分布于牧牛山至徐家店一带,是变质岩系,有片岩、变粒岩、大理岩、透闪岩,并夹有石墨片岩。中生界上侏罗系分布于东村东南、西南及高家以北等地,系沉积岩,有页岩、油页岩、泥质岩、钙质粉砂岩等。白垩系青山组分布于黄崖底及行村至辛安一带,玄武岩、火山碎屑岩;王氏组分布于郭城一带,紫红色砾岩、含砾砂岩、钙质砂岩、粉砂岩等。新生界第四系分布广泛,丘陵山坡上的残坡积层、河谷及河谷两岸的冲积层、沿海一带的海积层等都是。

境内岩浆岩也较为广泛,除少量小岩体及基性岩脉外,主要是中酸性岩浆岩,尤以招虎山岩体为著,有似斑状花岗闪长岩、似斑状二长花岗岩等。

六、成土母质

岩石经过物理化学风化,变成碎屑状的松散物质,即成土母质。成土母质再经过成土作用形成土壤。因此,成土母质是形成土壤的物质基础,它的某些性质往往被土壤继承下来,对土壤的理化性状有着先天的影响。由于受外力作用,成土母质又呈不同的形态。海阳市成土母质按其形成特点分为5种。

(一)残积—坡积物

指岩石风化物残留在原地和在重力、水等外力作用下,经过短距离搬运的混合物,表层以下往往保留原岩崩解痕迹,与半风化母岩层理不明显或无层理。海阳市残积坡积物以变质岩、岩浆岩的风化物为主,广泛分布在低山丘陵上,从高到低由粗变细,土体厚度一般为30～60cm。

(二)坡积—洪积物

指岩石风化物经重力作用、洪水的侵蚀冲刷,搬运到山坡的中下部以至山麓,呈宽阔的裙状分布,也称坡洪积裙。堆积层厚,发育成棕壤。

(三)洪积—冲积物

指洪水搬运的碎屑物质在低缓处沉积而成的疏松沉积体。磨圆度较高,在平面分布上有一定的分选性,厚度达数米。

(四)冲积物

指风化碎屑经河流搬运,沉积在沿河两岸。颗粒磨圆度高,砂性大,分选性好,层理明显,土体深厚。

(五)海积物

海相沉积,以砂为主,可见贝壳遗体。近潮水线部分经常受海水浸渍,或受盐渍地下水影响,土壤含盐量高,发育成滨海潮盐土。

七、植被

海阳市属于暖温带中生落叶阔叶林区系,植物资源比较丰富。但由于农垦历史悠久,原始森林已消失,现有自然植被具有明显的次生性质。全市有林木 65 科,364 种。

以招虎山为代表的低山区,针叶林为主,间有阔叶林。乔木有赤松、黑松、刺槐、枰柳、栎等,灌木有棉槐、卫茅、杜鹃、胡枝子、锦带花、海州常山、扁担杠子、雪柳、山枣、水腊等,草本植物有白草、黄背草、萱草、芒草、羊胡子、红蓼、知风草、画眉草、野谷草、黄花龙牙草、菊蕨等。

滨海冲积平原及河流两岸,乔木有柳树、杨树、白榆、泡桐、刺槐等,灌木有棉槐、杞柳等,草本植物有芦草、茅草、三棱草等。

滨海沙地有黑松、刺槐、棉槐、沙蓬、沙钻苔草、待霄草、沙参、菖蒲等。

滨海盐碱地有刺槐、棉槐、柽柳、茅草、芦苇、荻、灰绿碱蓬、翅碱蓬等。

全市种植农作物有 38 个科,156 个品种。其中粮食作物 20 种,油料作物 5 种,其他作物 24 种。

近十年来,大力开展荒山绿化、植树造林、栽花种草等活动,森林覆盖率明显提高,至 2008 年,达到 31%。

第二节 农村经济概况

建国前，海阳生产力水平低下，技术落后，粮食产量低而不稳。新中国成立后，贯彻了一系列发展农业生产的方针政策，整地改土，兴修水利，改善生产条件，推广普及了先进的栽培技术和优良品种，发展了农业机械化，使农业生产水平大大提高。特别是1978年改革开放以来，在稳定粮油生产的同时，不断探索适应海阳发展的新路子，积极调整农业内部结构，确立了种养并举的农业发展新格局，逐步形成了蔬菜、果品、畜牧、蚕茧、水产五大支柱产业，农业产业化步伐大大加快。

2008年，全市农业生产总值65.83亿元，占全市GDP的36.17%。全市总人口66.65万人，其中农村人口58.61万人，农村劳动力33.55万人。农村经济总收入292.35亿元，农民人均纯收入7182元。农业机械拥有量：柴油机5.85×10^5kW，汽油机1.532×10^5kW，电动机1.44×10^4kW，拖拉机46393台，联合收割机161台，农用汽车17114辆，农用机动三轮车13927辆，机动喷雾(粉)机731台，脱粒机4049台。全市732个行政村，通汽车的村有700个，通电话的村有732个，通电视的村有732个，能上网的村有732个，通自来水的村有705个。

表1-3列出了改革开放以来，海阳市农村经济发展变化情况。

表1-3　改革开放以来海阳市农村经济发展情况(万元)

年　份	种植业	林　业	牧　业	渔　业	工副业	合　计
1981～1985	40345	1582	13452	5725	19930	81034
1986～1990	42632	1737	13641	6879	36987	101876
1991～1995	64540	1697	14851	8586	87629	177303
1996～2000	72179	1496	24637	16158	123682	238152
2001～2005	93903	2225	33698	117181	181961	428968
2006～2008	116084	6923	43644	139594	296492	602737

第三节 农业生产概况

一、农业生产现状

农作物常年播种面积84300hm²，其中小麦播种面积23800hm²，玉米播种面积 23900hm^2，花生播种面积 17300hm^2。2008 年全市粮油总产达到 36.06 万吨。小麦平均 340kg/667m^2，其中烟农 21 号新品种，创出了 702.5kg/667m^2的高产纪录。玉米平均 500kg/667m^2，其中登海 661 号新品种，创出了 1092.3kg/667m^2 的高产纪录。花生平均 250kg/667m^2，其中"海花一号"品种，成功地创出了小面积 732.7kg/667m^2 的全国纪录，2008 年又创出了大面积 568.4kg/667m^2 的纪录。

2008 年，全市蔬菜保护地栽培面积达 7300hm^2，总产 12.3 万吨，成为胶东地区最大的冬春淡季蔬菜产销中心。黄瓜、番茄的生产技术和产量达到国内先进水平，曾创黄瓜 22770kg/667m^2、番茄 12504kg/667m^2 的全国最高记录。海阳西红柿、白黄瓜、芋仔被认证为"绿色食品"，大批量地销往国内、国际市场。

2008 年，果树种植面积 28700hm^2，果园 25800hm^2，年总产量 0.66 万吨。"皇家牌"苹果连续在国内外比赛中夺得金牌，因红富士苹果面积大、产量高、品质优，曾被国家命名为"中国红富士苹果之乡"。

2008 年，全市生猪存栏 18.6 万头，出栏 27.68 万头，肉类总产量达到 0.347万吨，牛羊奶产量达到 0.18 万吨，禽蛋产量达到 0.43 万吨，长毛兔 87.89万只，大牲畜 5.27 万头。

2008 年，水产品总产量达到 3.51 万吨，其中捕捞产量 1.57 万吨，海水养殖产量 1.9 万吨，淡水养殖产量 0.039 万吨，水产养殖面积约 10000hm^2。

2008 年，荒山、荒地（滩）造林面积 1234hm^2，育苗面积 160hm^2，幼林抚育作业面积 3702hm^2，成林抚育面积 4000hm^2，四旁零星植树 110 万株。

到 2008 年，农业机械总动力达到 7.526×10^5 kW，机耕、机播面积分别占耕地面积的 82.19%和 55.23%。

二、农业生产管理

全市抽样 718 户，调查了不同利用类型农田的产量、产值、投入及效益情况，列入表 1-4。

表 1-4　不同利用类型农田的产量、产值、投入及效益情况（2008 年）

农田类型	粮田	油料	果园	露天蔬菜	塑料大棚
年产量（kg/667m^2）	818	330	3000	3372	10000
年产值（元/667m^2）	1656	1155	20000	7755	30000
年效益（元/667m^2）	1292	535	12720	6035	21420

续表

农田类型		粮田	油料	果园	露天蔬菜	塑料大棚
生产成本（元/667m²）	合计	364	620	7280	1720	8580
	有机肥	0	0	500	300	1600
	化肥	80	100	800	300	1100
	农药	44	30	600	200	800
	种苗	60	200	0	100	400
	灌溉			400	200	400
	农膜或纸袋		30	2500	60	200
	人工	120	200	2400	500	4000
	其他	60	60	80	60	80

由表1-4可知，耕地不同利用类型投入、产出差异很大。塑料大棚设施栽培投入多，但效益也很高，呈发展态势。随着消费者对果品质量要求的提高，苹果生产管理环节越来越多，技术越来越复杂，一个生产季节下来，要喷十二三遍药，疏花疏果、套袋摘袋投入的物品及人工也越来越多，而效益则同步下降，低于塑料大棚蔬菜生产。粮油生产的效益是最低的。

第二章 耕地资源状况

第一节 土地利用现状

一、农业用地

(一)耕地

2008年,全市有耕地面积73600hm²,占土地总面积的38.9%。其中灌溉水田119.09hm²,水浇地16393.26hm²,旱地53241.95hm²,菜地1877.31hm²,分别占耕地面积的0.2%、22.9%、74.3%和2.6%。

旱田主要分布在山丘岭中上部,各镇(街道)都有分布,水源缺乏的小纪、朱吴、郭城、徐家店、盘石、发城镇面积较大。一般水浇田,主要分布在丘陵的中下部。保浇田主要分布在东村、留格、凤城、行村和发城镇平原洼地和部分镇的沿河缓平地上。粮田主要分布在水利条件较好的河滩地、倾斜平地、岭地等地貌类型上。

(二)园地

全市园地9769.73hm²,其中果园9084.33hm²,占园地面积的92.98%,桑园424.47hm²,占园地面积的4.34%,茶园200hm²,占园地面积的0.02%。

(三)林地

林业用地面积为28465.01hm²,占土地总面积的15.09%。其中有林地15115.84hm²,灌木林4690.05hm²,疏林地8633.00hm²,迹地3.81hm²,苗圃22.31hm²,山丘林地占林地总面积的90%以上。林地除苗圃外,大部分分布在土体浅薄、质地粗糙的山岭坡地或河滩、海滩上,特别是山丘林地,土壤条件差,生产力低。

(四)其他农用地

畜禽饲养地、农村道路、坑塘水面、养殖水面等其他农用地34777.43hm²,

占农用地总面积的18.53%。

二、建设用地

(一)居民点及工矿用地

城镇村及工矿用地12787.74hm²,占土地总面积的6.87%。其中,城镇1550.4hm²,农村居民点8133.64hm²,独立工矿用地1545.49hm²,盐田1226.97hm²,特殊用地331.24hm²。布局比例是:山地18.4%,丘陵35.5%,平原46.1%。

(二)交通运输用地

交通用地5127.64hm²,占土地总面积的2.72%。其中铁路114.43hm²,公路888.85hm²,农路4112.03hm²,港口码头12.33hm²。公路路面硬化率48.7%,公路密度26.3km/hkm²。

(三)水利设施用地

水域面积16862.05hm²,占土地总面积的8.94%,其中河流3541.59hm²,水库1158.36hm²,坑塘5973.74hm²,苇地842.03hm²,滩涂3725.76hm²,沟渠1285.28hm²,水工建筑物335.29hm²。水域面积列烟台市第二位,渔业用地较丰富。

三、未利用土地

未利用土地26087.83hm²,占土地总面积的13.82%。其中,荒草地8534.03hm²,盐碱地54.08hm²,沙地423.39hm²,裸土地8.94hm²,田坎16164.77hm²,其他259.88hm²。

第二节 耕地土壤类型

一、土壤分类系统

这次耕地地力调查与评价,对耕地土壤分类是按照《全国第二次土壤普查暂行技术规程》进行的。把成土因素、成土过程和土壤属性三者结合,同时考虑了耕地土壤通过耕种改良、培肥熟化的一些特点,采用发生学分类原则,综合各种指标,以求能全面反映各级土壤的上下联系及其演化规律,并形成统一的分类系统。

土类,是高级分类的基本单元,根据土壤形成的主要过程、发育方向、发育阶段及剖面结构划分。它是在一定的自然条件和人为因素作用下，经过一个主导或几个相结合的成土过程，具有一定相似的可以鉴别的发生层次。土类间在性质上有明显的差异。土类的区分主要反映土壤合理利用的方向。海阳各种非石灰性的母岩风化物，在暖温带湿润半湿润落叶阔叶林等条件的长期综合作用下形成棕壤。在河流两岸的沉积物上受潜水的影响形成潮土。近海滩地因受大量可溶性盐类的影响则形成盐土。在北部钙质岩类区则形成少部分褐土。

亚类，是土类内和土类之间的过度类型。在同一土类内，成土过程总的趋势是一致的，但在主导成土过程以外，还有一个附加的成土过程，使土壤属性产生了差异，如土体发育过程的差异、淋溶程度的强弱、潜水的影响程度等附加因素。在棕壤土类内可划分为棕壤性土、典型棕壤和潮棕壤三个亚类。褐土土类发育成褐土性土、典型褐土、淋溶褐土和潮褐土四个亚类。潮土土类只划分为典型潮土一个亚类。在盐土土类中，按其不同地形部位和不同地下水质的作用划分为滨海潮盐土和滨海盐土二个亚类。

土属，在土壤发生和分类上具有承上启下的特点。它既是亚类续分，又是土种的归纳。主要依据是母岩、母质、水文地质、地形部位和地理位置等。如棕壤性土，按照母岩分为酸性岩类、基性岩类、砂页岩类三个土属；棕壤和潮棕壤，按母质的沉积类型分为坡积洪积物和洪积冲积物二个土属；褐土性土，按母岩分为砂页岩类和石灰岩类二个土属等。

土种，是基层分类的基本单元，它是发育在相同母质上具有类似的发育程度和剖面层次排列的一种比较稳定的土壤类型。非一般耕作措施在短期内所能改变的。棕壤性土、褐土性土的土种，按照土体厚度、基岩性质、表层质地进行划分。其他亚类的土种是按照土体构型表层质地进行划分。其表示方法采用分数形式。

二、土壤分类

全市土壤划分为 4 个土类，9 个亚类，14 个土属，59 个土种。列于表 2-1。

表 2-1　　海阳市土壤分类系统表

土类	亚类	土属	土种 名称	土种 面积(hm^2)
棕壤 A（代号，下同）	棕壤性土 a（代号，下同）	酸性岩类棕壤性土 1（代号，下同）	硬石底石渣土	11248
			硬石底壤质土	10147
			硬石底粗砂土	76
			酥石底石渣土	28815
			酥石底壤质土	4048
			酥石底粗砂土	179
		基性岩类棕壤性土 2	硬石底石渣土	3815
			硬石底壤质土	6367
			酥石底石渣土	343
			酥石底壤质土	1536
		砂页岩类棕壤性土 4	硬石底石渣土	6494
			硬石底壤质土	8648
			硬石底石皮土	2495
			酥石底石渣土	4066
			酥石底壤质土	10514
			酥石底石皮土	24
	典型棕壤 c	洪冲积棕壤 3	黏心棕壤黄堰土	11068
			黏腰棕壤黄堰土	5781
			均壤质黄堰土	17129
			薄心夹黏黄堰土	308
			中层黄堰土	2882
			厚心和厚腰砾石层黄堰土	64
	潮棕壤 e	洪冲积潮棕壤 3	均壤质潮棕壤	3676
			黏心潮棕壤	2361
			黏腰潮棕壤	2016

续表

<table>
<tr><th rowspan="2">土 类</th><th rowspan="2">亚 类</th><th rowspan="2">土 属</th><th colspan="2">土 种</th></tr>
<tr><th>名 称</th><th>面积(hm²)</th></tr>
<tr><td rowspan="16">褐土 B</td><td rowspan="8">褐土性土
a</td><td rowspan="4">砂页岩类
褐土性土
2</td><td>硬石底石渣土</td><td>843</td></tr>
<tr><td>硬石底壤质土</td><td>659</td></tr>
<tr><td>酥石底石渣土</td><td>266</td></tr>
<tr><td>酥石底壤质土</td><td>1022</td></tr>
<tr><td rowspan="4">石灰岩类
褐土性土
3</td><td>硬石底石渣土</td><td>1159</td></tr>
<tr><td>硬石底壤质土</td><td>3917</td></tr>
<tr><td>酥石底石渣土</td><td>97</td></tr>
<tr><td>酥石底壤质土</td><td>375</td></tr>
<tr><td rowspan="4">淋溶褐土
c</td><td rowspan="2">洪冲积
淋溶褐土 3</td><td>均壤质淋溶灰褐土</td><td>44</td></tr>
<tr><td>均壤质淋溶夹黏灰褐土</td><td>45</td></tr>
<tr><td rowspan="2">石灰盐类
淋溶褐土 9</td><td>中壤质淋溶夹黏灰褐土</td><td>127</td></tr>
<tr><td>轻壤质淋溶中层黏灰褐土</td><td>29</td></tr>
<tr><td rowspan="2">典型褐土
d</td><td rowspan="2">洪积褐土
3</td><td>轻壤质灰堰土</td><td>452</td></tr>
<tr><td>轻壤质中层灰堰土</td><td>22</td></tr>
<tr><td rowspan="2">潮褐土
f</td><td rowspan="2">非石灰性
潮褐土 3</td><td>轻壤质潮灰堰土</td><td>88</td></tr>
<tr><td>中壤质潮灰堰土</td><td>80</td></tr>
<tr><td rowspan="3">潮土 C</td><td rowspan="3">典型潮土
b</td><td rowspan="3">非石灰性
滨海潮土
3</td><td>沙质近海淤沙土</td><td>1866</td></tr>
<tr><td>轻壤质近海淤泥土</td><td>155</td></tr>
<tr><td>沙质近海淤砂土</td><td>39</td></tr>
</table>

续表

土类	亚类	土属	土种	
			名称	面积(hm^2)
		河潮土 4	均壤质河潮土	7382
			厚砂腰河潮土	3215
			厚砂心河潮土	2942
			砾石心河潮土	1207
			厚壤心河潮土	302
			均砂河潮土	978
			轻壤质河游泥土	698
			河淤沙土	132
			轻壤质河淤砾石土	1059
			沙质河淤砾石土	457
			沙质河淤砂土	210
			轻壤质沙土	18
			轻壤质河淤漏沙土	207
			轻壤质河淤砂土	102
盐土 D	滨海潮盐土 b	滨海氯化物 潮盐土 4	均砂质滨海氯化物潮盐土	4029

三、土壤类型评述

(一)棕壤土类

棕壤土类是海阳市面积最大的一个土类,分布于全市各地。耕地面积 70000hm^2,占总耕地面积的 79.80%。下分为棕壤性土、棕壤、潮棕壤 3 个亚类,5 个土属,25 个土种。

棕壤土类的特点是:淋溶作用较强,黏化作用明显,层次发育分明,通体呈棕褐色。剖面一般分为淋溶层(在耕地上为耕作层)、淀积层和母质层。表层因受耕作影响为浅棕色,质地偏轻。淀积层为黏粒聚积层,由于铁锰氧化物的存在,呈浅棕至棕褐色,质地黏重,厚度不同,结构呈棱柱状或块状,结构面上有铁锰胶膜。底土层保持着成土母质的形态,土体中部一般有铁锰结核,下部有铁管,通体无石灰反应,呈微酸性至中性。

(二)潮土土类

潮土土类群众称河淤土,是全市第二大土类,耕地面积 17700hm^2,占总耕地面积的13.63%。只有典型潮土1个亚类,2个土属,17个土种。主要分布在沿河滩地和滨海滩地上,直接发育在河流沉积物及海相沉积物上。土壤母质分选性好,剖面层次分明,同一层次的质地和色泽均匀。因长期受地下潜水的影响,土体中下部有明显的铁锈斑纹。土壤反应微酸至微碱性,孔隙和植物根系多。

潮土土类特点,地势平坦,土体深厚,质地砂性较大,通透性好,蓄水保肥性较差,养分含量较低,地下水位浅,水浇条件好,适耕期长,适种作物广。但由于所处部位不同,土壤土体构造比较复杂,质地差异较大,生产性能和产量差别很大。

(三)褐土土类

褐土是在钙质和石灰质砂质岩类母质上发育而成的。有耕地5700hm^2,占总耕地面积的6.57%。主要分布在小纪、发城、郭城、徐家店镇等。根据不同母质和成土条件,又分为褐土性土、淋溶褐土、褐土和潮褐土4个亚类,6个土属,16个土种。

褐土与棕壤呈复区分布,其成土条件(除母岩母质外)和成土过程与棕壤相同,主要区别是褐土土体内或基岩上有石灰反应,pH值较高,一般在7以上,呈中性至微碱性。

(四)盐土土类

盐土土类全市可利用面积有2400hm^2,占1.47%。主要分布在行村、辛安、阎家镇的滨海滩地上。有滨海潮盐土1个亚类,滨海氯化物潮盐土1个土属,均砂质滨海氯化物潮盐土1个土种。

盐土因其母质是海相沉积物,当地多称海滩和荒滩,地表盐斑明显。其剖面特征:0～5cm黄棕色砂壤,单粒结构、疏松、植物根系少、无石灰反应。5～20cm黄棕色砂壤,单粒结构、松散湿润、无石灰反应。20～40cm黄棕色、砂壤、单粒结构、松散湿润。

四、分布规律

土壤类型随地形地貌呈垂直方向和水平方向有规律的分布。棕壤土类总的趋势是由高到低,依次分布着棕壤性土、棕壤和潮棕壤。即山丘地区的岭坡梯田和岭地的中上部是棕壤性土亚类,中下部沟谷梯田、近山阶地等主要是棕壤亚类,倾斜平地和缓平地为潮棕壤亚类。褐土在海阳北半部与棕壤呈复区并存。潮土土类主要分布在河流两岸和近海地带。盐土主要分布在近海滩地和废盐田。

第三节 耕地利用与管理

一、耕地利用现状

2008 年，全市有耕地面积 $73600hm^2$，占土地总面积的 38.9%。其中灌溉水田 $119.09hm^2$，水浇地 $16393.26hm^2$，旱地 $53241.95hm^2$，菜地 $1877.31hm^2$。

耕地中，粮田播种面积 $84300hm^2$，其中小麦播种面积 $23800hm^2$，玉米播种面积 $23900hm^2$，花生播种面积 $17300hm^2$。

二、耕地保护与保养

海阳市对耕地实施特殊保护，严格控制耕地转为非耕地，实行占用耕地补偿制度。经批准非农业建设占用耕地的，按照"占多少，垦多少"的原则，由占地单位负责开垦与所占用耕地的数量和质量相当的耕地，没有条件开垦或开垦的耕地不符合要求的，按规定缴纳耕地造地费。将高产稳产、集中连片、生产条件较好的耕地划为基本农田保护区，实行永久性的保护。

提倡用地、养地相结合，加大对耕地的投入，改造中低产田，采用有利于提高耕地质量的耕作制度和方法，提高耕地质量。充分利用土地资源和光热、水利资源，提高复种指数，增加农作物产量。鼓励使用有机肥和土杂肥，推行秸秆粉碎直接还田和过腹还田，禁止在田间焚烧秸秆。科学合理使用化学肥料，推广使用测土配方施肥技术。对农作物病虫草害，采用"预防为主，综合防治"原则，推广物理防治、生物防治方法，尽最大限度地降低化学农药在耕地中的残留量。

第三章　耕地地力调查方法与内容

耕地的概念是广泛和模糊的，不同国家、不同历史时期、不同应用目的，耕地的概念是不同的。我国现阶段把耕地确定为“种植农作物的土地，包括：新垦荒地、休闲地、轮歇地、草田轮作地；以种植农作物为主的间有零星果树、桑树或其他树木的土地；耕种三年以上的滩涂和海涂；南方宽小于 1m 和北方宽小于 2m 的沟、渠、路和田埂”。

耕地地力是由耕地所处的地形地貌条件、成土母质特征、土壤理化性状、农田基础设施及栽培水平等综合构成的生产力。习惯上人们往往把耕地地力与产量水平等同起来，以高产田、中产田、低产田作为地力分类，这不严谨。一些构成产量的因素，如作物品种、栽培技术、施肥管理水平、异常自然灾害等，都在产量构成中占相当比重，但都是来自耕地外部的技术经济投入条件和偶然因素，是随时间、地点、条件不同而变化的不稳定因素，不是耕地自身的属性。

此次调查的重点是基本农田保护区耕地和园地，调查内容重点在四个方面：一是与耕地地力评价相关的耕地自然环境条件、农田基础设施建设水平、土壤理化性状、耕地土壤障碍和土壤退化等；二是与农产品品质相关的耕地土壤环境状况；三是与农业结构调整密切相关的耕地土壤适宜性、问题土壤分布等；四是农户生产管理情况等。根据国家农业部、山东省农业厅规定，在1979 年全国第二次土壤普查的基础上，充分考虑土壤立地条件、土壤类属种、土地利用方式、作物种类、种植模式及利用类型等因素，依照典型性、代表性和广泛性的原则布点，利用 GPS(即 Global Positioning System，全球定位系统)卫星定位仪准确定位，统一技术规程、统一调查表格、统一统计口径、统一汇总方法、统一评价标准进行调查和评价。

第一节 准备工作

准备工作包括组织准备、物资准备、技术准备和资料准备四部分。

一、组织准备

(一)成立领导小组

为使耕地地力调查工作顺利进行,按照上级的指示,海阳市成立了市耕地地力调查工作领导小组,由分管农业的副市长任组长,市农业局局长任副组长,有关部门主要负责人为成员,负责对全市耕地地力调查工作的组织实施和督促检查协调。各乡镇及街道办事处也成立了由行政主要领导为组长、有关单位负责人组成的领导小组,组建以农业技术推广站为主,有关站、所及村庄人员参加的专业队伍,在市领导小组的领导下,开展本行政区域的耕地地力调查工作。

(二)成立技术小组

技术小组主要由农业、水利、环保、国土等部门的专家和具有实践经验的技术骨干组成。主要负责耕地地力调查与质量评价技术规程及实施方案的制定、技术指导、质量控制及自检自查等工作。

(三)成立工作小组

工作小组分野外调查、化验分析和室内工作三个组。

野外调查小组,由海阳市农技站全体工作人员、市农业局相关站抽调的部分技术骨干及镇农技人员 64 人组成,分 14 个调查队,每个队负责 1 个镇(街道办事处)的土地利用现状野外调查绘图、农业生产状况、典型农户基本情况调查和土壤样品采集等工作。

化验分析小组,由山东省土壤肥料测试中心和海阳市农业局化验室组成,负责化验分析方法的确定、分析样品处理、土壤理化性状分析、土壤重金属元素分析、农药残留分析、监测数据的校核及整理等工作。

室内工作小组,由山东省土壤肥料总站、山东农业大学及海阳市农业局技术人员组成,主要负责野外调查资料的校核、数据整理、有关资料图件的录入;建立各种数据库和耕地质量管理信息系统;耕地地力及环境质量评价;各种文字资料和成果图件的编写绘制等工作。

(四)确定定点化验室

土壤物理性状、有机质含量、氮、磷、钾大量元素等土壤七项常规分析由海阳市农业局化验室承担；中、微量元素及重金属分析由山东省土壤肥料测试中心承担；农药残留由烟台市农产品质量检测中心承担分析。

二、物资准备

（一）电子计算机应用设备

计算机、操作系统、数据库平台、耕地资源管理信息系统及相关的 GIS 等软硬件。

（二）野外调查所需物资

采样工具（包括塑料袋、木铲、取土器、标签、环刀、行李包、笔、橡皮锤等）、野外调查表格、手持式 GPS 卫星定位仪等。

（三）分析化验仪器设备

电子天平、电光分析天平、原子吸收分光光度计、紫外可见分光光度计、酸度计、火焰光度计、电热鼓风干燥箱、恒温振荡箱、电热恒温培养箱、定氮蒸馏装置、粉碎机、恒温水浴箱、电炉等，并根据检测分析补充必要的检测设备、玻璃器皿及化学试剂。

三、技术准备

（一）编写实施方案

根据《全国耕地地力调查与质量评价技术规程》要求，编写《海阳市耕地地力及质量评价实施方案》。

（二）召开座谈会，与专家进行技术交流

聘请有实践经验的农业专家做顾问，加强与农技、水利、环保、气象、国土管理及大中专院校等部门的交流与合作，研究制定技术方案及技术路线。到先期进行过耕地地力调查试点的县（市）取经，学习他们的经验，根据本市实际情况修正技术方案。

（三）加强技术培训

为提高项目的技术水平，保证项目的顺利实施。第一，项目技术负责人参加国家农业部和山东省农业厅组织的耕地地力调查培训班；第二，聘请山东省土壤肥料总站专家对工作小组人员进行了“野外布点及采样方法”技术培训；第三，根据全国耕地地力调查技术规程编写技术资料，对野外调查小组工作人员进行 GPS 定位仪的使用、野外调查表格的填写及野外布点取样方法等培训；第四，组织化验室检测人员参加土壤检测技术培训。通过培训，使工作人员掌握相关知识，技术水平和操作技能得到了提高，为项目的顺利实施提供了有力保障。

四、资料准备

(一)图件资料

根据项目需要,准备了海阳市行政区划图、地形图(比例尺 1∶50000 中国人民解放军参谋部测绘局测绘的地形图)、土地利用现状图(1∶50000)、土地规划图(1∶50000)、第二次土壤普查成果图、卫星照片(精度 10m)及各镇(办事处)土地利用现状图(1∶10000)、土地规划图(1∶10000)等。

(二)数据及文本资料

统计资料以 2008 年为基准年,土地利用现状资料以海阳市国土资源局提供的数据为基准数据。还有第二次土壤普查成果资料,基本农田保护区划定统计资料、历年土壤肥力监测点化验结果资料、各乡镇农业生产情况,包括种植面积、单产、总产统计资料和历年化肥、农药、除草剂等农用化学品销售及使用情况。其他相关资料,如生态环境建设、特色农产品(文字、图片)、海阳市基本概览及典型图片等。

第二节 室内预研究

一、确定采样点

(一)布点原则

本次耕地地力调查布点原则是在全国第二次土壤普查的基础上,结合全市 3938 个土壤肥力定位监测点,按照规程规定的样点密度,采取网格法布点,使每个点都具有广泛的代表性、典型性,并兼顾均匀性。

(二)布点方法

1. 土样布点方法

(1)粮油田布点。将土种图、基本农田保护规划图、土地利用现状图三者叠加,形成评价单元。再依据评价单元的个数及面积大小和总采样点数量,初步确定各个评价单元的采样点数。在各评价单元中,根据图斑大小、种植制度、种植作物种类、产量水平、土壤类型等因素,确定布点数量和点位,并兼顾代表性和均匀性的布点原则,最终确定布点数量和点位,使每个点都具有典型性,并在图上标注采样点编号。共确定粮油田采样点 2910 个,其中 1/8 确定为采耕层和亚耕层点位,1/4 确定为采容重点位。

(2)蔬菜地布点。将土种图和蔬菜地类型分布图叠加,形成蔬菜地评价单元,按照规程确定的代表面积,结合实际情况,确定总采样点数量。根据评价单元个数以及面积和采样点总数,初步确定各评价单元的采样点数。在评价单元中,根据评价单元的图斑大小、利用类型、棚龄或种菜年限(分为1～3年、3～5年、5年以上三种)、蔬菜种类、产量水平、土壤类型等因素,并兼顾代表性和均匀性的布点原则,最终确定布点数量和点位,使每个点都具有典型性,并在图上标注采样点编号。共确定蔬菜地采样点278个,其中1/3确定为采耕层、亚耕层和采容重点位。

(3)果茶园地布点。根据规程要求的采样点密度并结合海阳市果茶生产实际,确定果茶园地采样点总数,再根据果茶园地面积分布特点、树龄、果茶树种、产量水平、土壤类型等因素,兼顾代表性和均匀性的布点原则,最终确定布点数量和点位,使每个点具有典型性,并在图上标注采样点编号。本次地力调查果茶园地共布点750个,其中1/4确定为采容重点位。

2.污染土样布点方法

海阳市基本无化学工矿污染,污染调查重点分布在可能造成潜在农业面源污染的蔬菜区和粮油区,每个环境调查点代表2000hm^2。主要依据利用类型、棚龄及作物布局布点,全市共布点34个,其中粮油田21个,蔬菜地11个,果茶园地2个。

3.水样数据

依据海阳市水源分布状况、灌溉水源类型(地表水和地下水)及各水源的灌溉面积,收集水样资料。水样检测资料由海阳市环境保护局提供(测土技术组技术人员采集),地表水以2008年8月份四大河流(留格河、东村河、发城河、白沙河)及三个水库(盘石店镇龙头村西水库、小纪镇南台水库、凤城街道北河沟东水库)的检测数据,地下水以2008年8月份检测数据,纳入此次调查工作的内容,进行分析判断。

二、确定调查内容

根据技术规程要求,设计了采样点基本情况调查表和农业生产情况调查表,调查内容主要有采样点的土壤类型及代号、地形地貌、农田设施、生产性能、施肥与农药使用情况、管理措施、种植制度、产量水平和投入产出情况等。蔬菜保护地还增加了利用类型、规格、棚龄及种菜年限等,果茶园地增加了树龄等项目。

三、确定分析项目及方法

按照技术规程要求，结合海阳市耕地的实际情况，确定分析项目和分析方法。

第三节 野外调查方法

一、土地利用现状补充调查

随着农村经济的迅猛发展和农业生产结构的进一步调整，近几年来，蔬菜、果茶园面积不断扩大，粮食与经济作物比逐年缩小，土地利用现状发生了很大的变化，原有的土地利用现状图(1996 年制)，不能全面反映当前土地利用状况。因此，在野外调查时，调查人员首先对土地利用现状进行野外补充调查，将发现的新状况补绘到镇(办事处)1∶10000 比例尺土地利用现状图上，补绘的主要内容有蔬菜地和果茶园地分布现状，并统计其面积，最小的图斑为 0.25cm^2。蔬菜地按日光温室、塑料大棚(大、中)、露天菜地(包括小拱棚、常年种植的露天菜地及粮菜间作套种两年以上的耕地)三种类型分别上图。

二、采样点及典型农户情况调查

根据室内预定的采样点位置，到实地选择取样地块，若室内预定的取样点的位置在当地不具备典型性时，则另选有典型性的地块。利用 GPS 卫星定位仪确定该点经纬度，并在图上标明准确位置，再与取土点农户的主要管理人及当地农业技术推广人员一起座谈交流，认真填写调查表。

三、土样采集

(一)粮油田土壤样品的采集

为避免施肥对评价结果的影响，统一安排在 9 月 6～15 日粮油田作物收获后秋种前采集土样。耕层按 0～20cm、亚耕层按 20～40cm 采集土样。一个土样用“S”法随机采集 15～20 个点，各点使用木铲取土。取得的土样经充分混合后，用四分法留取 1kg，重点点留取 1.5kg，装入土袋。一袋土样填写两张标签，内外各具一张。标明：样品野外编号、地址、户名、地块、土壤类型、取土深度及时间、采样人等。

打环刀测容重，一般选在作物根系附近，耕层在 10～15cm、亚耕层在 30～35cm 深的位置各打三个环刀取土，带回后由专人测定。

（二）蔬菜地土壤样品的采集

在 7 月 28 日～8 月 6 日，保护地土壤样品在蔬菜收获后晾棚期间采集，露天菜地在主导蔬菜收获后，下茬蔬菜施基肥前采集，方法同粮油田采样。耕层按 0～25cm、亚耕层按 25～50cm 采集（根据室内预研究的点位确定是否取亚耕层），用“S”法随机采集，按照垄沟、垄面的面积比例确定取土点的数量，取 12～20 个点，取得的土样按粮油田处理方法操作。

打环刀测容重，选在蔬菜根系附近，第一层在 10～15cm、第二层在 35～40cm深的位置各打三个环刀取土。

（三）果茶园地土壤样品的采集

与粮油田同期采样，在 0～40cm 深取土，具体操作同粮油田取样方法。

打环刀测容重，选在果茶树根系附近，在 20～25cm 深打三个环刀取土。

（四）污染调查土壤样品的采集

目前海阳市没有大的化工企业，只是对可能存在重金属污染的地块，以及因农药、化肥的过量使用引起的面源污染的地片进行调查，与粮油田、蔬菜地、果茶园地相结合布点，重点控制可疑区域。

第四节 室内检测分析

一、检测分析的原则、项目及方法

（一）原则

测试方法选择准确度高、稳定性好、重现性好的方法；灵敏度能够满足分析要求，抗干扰能力强或可用适当方法消除；所用仪器操作简便快捷；优先等效或参照国家标准。

（二）检测项目及方法

根据《全国耕地地力调查与质量评价技术规程（审定）》测试项目和方法的要求，确定土壤样品理化性状分析 20 项，土壤污染 7 项。见表 3-1。

表 3-1 检测分析项目及方法

分析项目	测试方法
土壤样品	土壤容重
土壤毛管持水量	环刀法
土壤毛管孔隙度	环刀法
土壤 pH 值	环刀法
土壤有机质	重铬酸钾——硫酸溶液——油浴法
土壤碱解氮	碱解扩散法
土壤有效磷	碳酸氢钠提取——钼锑抗比色法
土壤速效钾	乙酸铵提取——火焰光度法
土壤全氮	半微量开氏法
土壤缓效钾	硝酸提取——火焰光度法
土壤有效性铜、锌、铁、锰	DTPA 提取——等离子发射光谱法
土壤有效钼	草酸—草酸铵提取——等离子发射光谱法
土壤水溶性硼	沸水浸提取——等离子发射光谱法
土壤中有效态硫	碳酸氢钠浸提取——等离子发射光谱法
土壤有效硅	柠檬酸浸提取——等离子发射光谱法
土壤交换性钙、镁	乙酸铵交换——等离子发射光谱法
土壤污染样品	测试方法
铅、镉	石墨炉原子吸收光谱法
总汞	冷原子吸收光谱法
总砷	石墨炉原子吸收光谱法
总铬	等离子发射光谱法
DDT、六六六	气相色谱法

二、检测分析质量控制

在检测分析时，质量控制严格按照农业部《全国耕地地力调查与质量评价技术规程(审定)》及《山东省耕地地力调查及质量评价海阳市实验实施方案》的有关规定执行。

(一)实验室

实验室布局合理，设施配套，仪器均满足承检项目的检测质量要求。山东省土壤肥料测试中心承担中、微量元素及重金属分析；烟台市农产品质量检测中心承担农药残留项目的分析；海阳市农业局化验室承担土壤有机质、大量元素、pH 值等常规七项分析。

（二）人员

1. 按照计量认证的要求，三个实验室都配备相应水平的专业技术人员，并进行了专业培训，检测水平达到任务要求的标准，且持证上岗。

2. 检测分析时，严格按照检测标准、检测实施细则进行操作，确保检测数据准确可靠。

（三）分析质量控制

1. 仪器设备在使用前，都进行自检，以确定仪器设备的运行状况，其完好率达到 100%，确保检验数据准确。

2. 化验分析方法：采用国家标准或行业标准。

3. 基础实验控制：每批样品都做两个空白样。

4. 标准曲线控制：按照实验室样品检测操作要求，对每批样品检测都作标准曲线。每次标准曲线的相关系数 r 都要求大于 0.999，对相关系数 r 小于 0.999 的要求重做。

5. 精密度控制：每批样品分析时都做两个平行。平行双样测定结果其误差范围小于 5%为合格，大于 5%的重做。

6. 准确度控制：在检测过程中，每批样品都使用标准样品，进行内参样掺插，判断检测是否准确。若标准样检测结果超出误差范围，此批检测所有样品重检，至合格为止。

第四章　耕地地力评价

耕地是土地的精华，是农业生产不可替代的重要生产资料，是保持社会和国民经济可持续发展的重要资源。保护耕地是我们的基本国策之一。因此，及时掌握耕地资源的数量、质量及其变化对于合理规划和利用耕地，切实保护耕地有十分重要的意义。在全面的野外调查和室内化验分析，并获取大量耕地地力相关信息的基础上，我们进行了海阳市耕地地力的综合评价，评价结果对于摸清全市耕地地力的现状及问题，为耕地资源的高效和可持续利用提供了重要的科学依据。

第一节　评价的原则、依据及流程

一、评价原则依据

（一）评价的原则

耕地地力就是耕地的生产能力，是在一定区域内一定的土壤类型上，耕地的土壤理化性状、所处自然环境条件、农田基础设施及耕作施肥管理水平等因素的总和。根据评价的目的要求，在海阳市耕地地力评价中，我们遵循的基本原则是：

1. 综合因素研究与主导因素分析相结合原则

土地是一个自然经济综合体，是人们利用的对象，对土地质量的鉴定涉及到自然和社会经济多个方面，耕地地力也是各类要素的综合体现。所谓综合因素研究是指对地形地貌、土壤理化性状、相关社会经济因素之总体进行全面的研究、分析与评价，以全面了解耕地地力状况。主导因素是指对耕地地力起决定作用的、相对稳定的因子，在评价中要着重对其进行研究分析。因此，把综合因素与主导因素结合起来进行评价则可以对耕地地力做出科学准确的评定。

2.共性评价与专题研究相结合原则

海阳市耕地利用存在菜地、农田等多种类型，土壤理化性状、环境条件、管理水平等不一，因此耕地地力水平有较大的差异。考虑市域内耕地地力的系统性、可比性，针对不同的耕地利用等状况，应选用统一的共同的评价指标和标准，即耕地地力的评价不针对某一特定的利用类型。另外，为了了解不同利用类型的耕地地力状况及其内部的差异情况，则对有代表性的主要类型，如蔬菜地等进行专题的深入研究。这样，共性的评价与专题研究相结合，使整个的评价和研究具有更大的应用价值。

3.定量和定性相结合的原则

土地系统是一个复杂的灰色系统，定量和定性要素共存，相互作用，相互影响。因此，为了保证评价结果的客观合理，宜采用定量和定性评价相结合的方法。在总体上，为了保证评价结果的客观合理，尽量采用定量评价方法，对可定量化的评价因子如有机质等养分含量、土层厚度等按其数值参与计算，对非数量化的定性因子如土壤表层质地、土体构型等则进行量化处理，确定其相应的指数，并建立评价数据库，以计算机进行运算和处理，尽量避免人为随意性因素影响。在评价因素筛选、权重确定、评价标准、等级确定等评价过程中，尽量采用定量化的数学模型。在此基础上则充分运用人工智能和专家知识，对评价的中间过程和评价结果进行必要的定性调整。定量与定性相结合，从而保证了评价结果的准确合理。

4.采用卫星遥感和GIS支持的自动化评价方法原则

自动化、定量化的土地评价技术方法是当前土地评价的重要方向之一。近年来，随着计算机技术，特别是GIS技术在土地评价中的不断应用和发展，基于GIS技术进行自动定量化评价的方法已不断成熟，使土地评价的精度和效率大大提高。本次的耕地地力评价工作采用最新SPOT5卫星遥感数据提取和耕地资源现状信息，通过数据库建立、评价模型及其与GIS空间叠加等分析模型的结合，实现了全数字化、自动化的评价流程，在一定的程度上代表了当前土地评价的最新技术方法。

（二）评价的依据

耕地地力是耕地本身的生产能力，因此耕地地力的评价则依据与此相关的各类自然和社会经济要素，具体包括三个方面：

1.耕地地力的自然环境要素

包括耕地所处的地形地貌条件、水文地质条件、成土母质条件以及土地利用状况等。

2. 耕地地力的土壤理化要素

包括土壤剖面与土体构型、耕层厚度、质地、容重等物理性状，有机质、N、P、K 等主要养分、微量元素、pH 值、交换量等化学性状。

3. 耕地地力的农田基础设施条件

包括耕地的灌排条件、水土保持工程建设、培肥管理条件等。

二、评价流程

整个评价可分为三个方面的主要内容，按先后的次序分别为：

资料工具准备及数据库建立：即根据评价的目的、任务、范围、方法，收集准备与评价有关的各类自然及社会经济资料，进行资料的分析处理。选择适宜的计算机硬件和 GIS 等分析软件，建立耕地地力评价基础数据库。

耕地地力评价：划分评价单元，提取影响地力的关键因素并确定权重，选择相应评价方法，制订评价标准，确定耕地地力等级。

评价结果分析：依据评价结果，量算各等级耕地面积，编制耕地地力分布图。分析耕地地力问题，提出耕地资源可持续利用的措施建议。

评价的工作流程如图 4-1 所示。

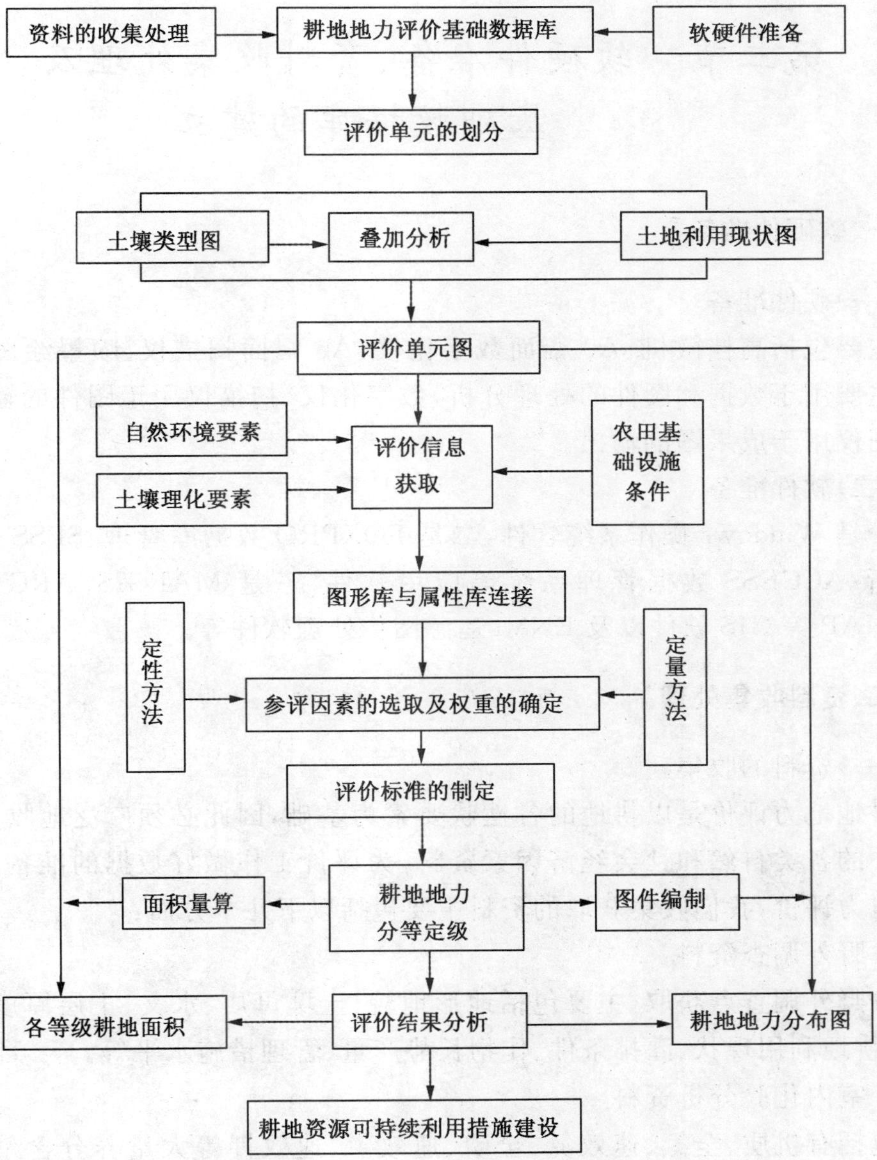

图 4-1 海阳市耕地地力评价流程图

第二节 软硬件准备、资料收集处理及基础数据库的建立

一、软硬件准备

（一）硬件准备

主要包括高档微机、A0 幅面数字化仪、A0 幅面扫描仪、喷墨绘图仪等。微机主要用于数据和图件的处理分析，数字化仪、扫描仪用于图件的输入，喷墨绘图仪用于成果图的输出。

（二）软件准备

一是 Windows 操作系统软件，二是 FOXPRO 数据库管理、SPSS 数据统计分析/ACCESS 数据管理系统等应用软件，三是 MAPGIS、ARCVIEW、ARCMAP 等 GIS 软件以及 ENVI 遥感图像处理软件等。

二、资料收集处理

（一）资料的收集

耕地地力评价是以耕地的各性状要素为基础，因此必须广泛地收集与评价有关的各类自然和社会经济因素资料，为评价工作做好数据的准备。本次耕地地力评价，我们收集获取的资料主要包括以下几个方面：

1. 野外调查资料

按野外调查点获取，主要包括地形地貌、土壤母质、水文、土层厚度、表层质地、耕地利用现状、灌排条件、作物长势产量、管理措施水平等。

2. 室内化验分析资料

包括有机质、全氮、速效氮、全磷、速效磷、速效钾等大量养分含量，交换性钙、镁等中量养分含量，有效锌、硼、钼等微量养分含量，以及 pH 值、土壤污染元素含量等。

3. 社会经济统计资料

以行政区划为基本单位的人口、土地面积、作物及蔬菜瓜果面积，以及各类投入产出等社会经济指标数据。

4. 基础及专题图件资料

1∶50000 比例尺地形图、行政区划图、土地利用现状图、地貌图、土壤图等。

(二)资料的处理

获取的评价资料可以分为定量和定性资料两大部分,为了采用定量化的评价方法和自动化的评价手段,减少人为因素的影响,需要对其中的定性因素进行定量化处理,根据因素的级别状况赋予其相应的分值或数值。除此,对于各类养分等按调查点获取的数据,则需要进行插值处理,生成各类养分图。

1. 定性因素的量化处理

土壤表层质地:考虑不同质地类型的土壤肥力特征,以及与植物生长发育的关系,赋予不同质地类别以相应的分值。见表 4-1。

表 4-1　土壤表层质地的量化处理

质地类别	中壤	轻壤	重壤	砂壤	砂土
分值	100	95	80	70	55

土体构型:首先以土层质地类别和其在土体中的部位对各类土体构型进行归纳,根据不同的土体构型对植物生长发育的影响,赋予不同土体构型以相应的分值。见表 4-2。

表 4-2　土体构型的量化处理

土体构型	中壤均质	中壤黏腰	轻壤黏腰	轻壤均质	中壤黏心	中壤砂腰	重壤均质	轻壤砂心	砂壤砂心	中层	薄层
分值	100	95	95	90	85	80	60	60	50	30	10

地貌类型:根据地貌微域类型对耕地地力及作物生长的影响,赋予其相应的分值。见表 4-3。

表 4-3　地貌类型的量化处理

地貌类型	山前倾斜平地	缓岗	河漫滩	河谷梯田	近山阶地	坡麓梯田
分值	97	93	80	60	40	20

障碍状况:考虑影响耕地地力的主要障碍因素,将其障碍状况归纳为不同的类型,并根据其对耕地地力的影响程度进行量化处理。见表 4-4。

表 4-4 障碍状况的量化处理

障碍状况	无障碍	浅黏	夹砂	砾质	石渣土
分值	100	90	80	60	40

2.各类养分专题图层的生成

对于土壤有机质、氮、磷、钾、锌、硼、钼等养分数据,我们首先按照野外实际调查点进行整理,建立了以各养分为字段,以调查点为记录的数据库。之后,进行了土壤采样样点图与分析数据库的连接,在此基础上对各养分数据进行自动的插值处理。

我们对比了分别在 MAPGIS 和 ARCVIEW 环境中的插值结果,发现 ARCVIEW 环境中的插值结果线条更为自然圆滑,符合实际。因此,本研究中所有养分采样点数据均在 ARCVIEW 环境下操作,利用其空间分析模块功能对各养分数据进行自动的插值处理,经编辑处理,自动生成各土壤养分专题栅格图层。后续的耕地地力评价也以栅格形式进行,与矢量形式相比,能够将各评价要素信息精确到栅格(像元)水平,保证了评价结果的准确。图 4-2、4-3 为在 ARCVIEW 下插值生成的海阳市土壤有机质、全氮含量分布栅格图。

图 4-2 海阳市土壤有机质含量栅格图

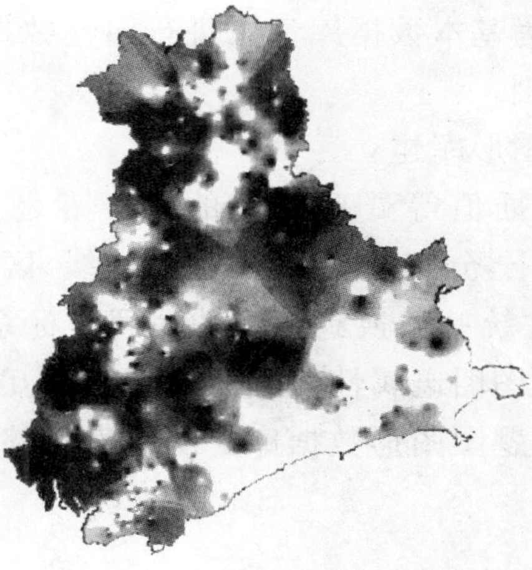

图 4-3 海阳市土壤全氮含量栅格图

3. 海阳市数字高程模型和坡度图的生成

利用海阳市 1∶50000 地形图，扫描输入后进行矢量化，获得等高线及高程信息，自动插值生成海阳市数字高程模型（DEM），在此基础上生成海阳市地形坡度，经编辑处理后形成坡度图和三维地势图，见图 4-4。

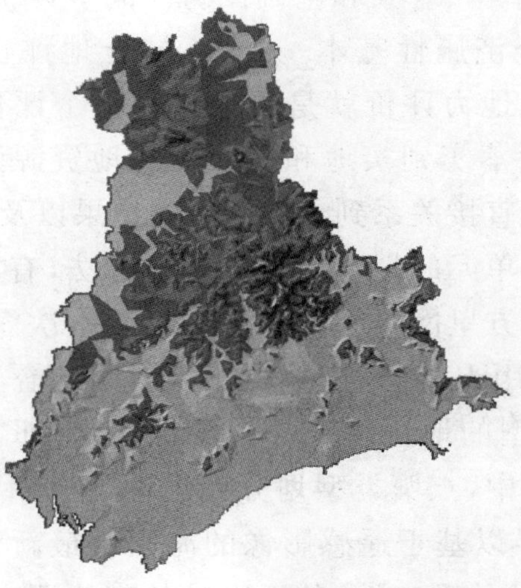

图 4-4 海阳市三维地势图

三、基础数据库的建立

（一）基础属性数据库建立

为更好的对数据进行管理和为后续工作提供方便，将采样点基本情况信息、农业生产情况信息、土壤理化性状化验分析数据、土壤污染元素化验分析数据等信息以调查点为基本数据库记录进行属性数据库的建立，作为后续耕地地力评价工作的基础。

（二）基础专题图图形库建立

将扫描矢量化及插值等处理生成的各类专题图件，在 ARCVIEW 和 MAPGIS 软件的支持下，分别以栅格形式和点、线、区文件的形式进行存储和管理，同时将所有图件统一转换到相同的地理坐标系统下，以进行图件的叠加等空间操作，各专题图图斑属性信息通过键盘交互式输入或通过与属性库挂接读取，构成基本专题图图形数据库。图形库与基础属性库之间通过调查点相互连接。

第三节 评价单元的划分及评价信息的提取

一、评价单元的划分

评价单元是由对土地质量具有关键影响的各土地要素组成的空间实体，是土地评价的最基本单位、对象和基础图斑。同一评价单元内的土地自然基本条件、个体属性和经济属性基本一致，不同土地评价单元之间，既有差异性，又有可比性。耕地地力评价就是要通过对每个评价单元的评价，确定其地力级别，把评价结果落实到实地和编绘的土地资源图上。因此，土地评价单元划分的合理与否，直接关系到土地评价的结果以及工作量的大小。

目前，对土地评价单元的划分尚无统一的方法，有以土壤类型、土地利用类型、行政区划单位和方里网等多种方法进行。本次海阳市耕地地力评价土地评价单元的划分采用土壤图、土地利用现状图的叠置划分法，相同土壤单元及土地利用现状类型的地块组成一个评价单元，即“土地利用现状类型—土壤类型”的格式。其中，土壤类型划分到土种，土地利用现状类型划分到二级利用类型，制图区界以基于遥感影像的海阳市最新土地利用现状图为准。为了保证土地利用现状的现实性，基于野外的实地调查对耕地利用现状进行了修正，其中菜地进行了进一步的细分，分到三级类型。同一评价单元内的土壤类型相同，利用方式相同，交通、水利、经营管理方式等基本一致，用这种方法划分评价单元，既使土地利用类型有了土壤基本性质的均一性，又使土壤类型有了确定的地域边界线，使评价结果更具综合性、客观性，可以较容易地将评价结果落实到实处。通过图件的叠置和检索，将海阳市耕地地力划分为 5905 个评价单元。

二、评价信息的提取

影响耕地地力的因子非常多，并且它们在计算机中的存储方式也不相同，因此如何准确地获取各评价单元评价信息是评价中的重要一环。鉴于此，我们舍弃直接从键盘输入参评因子值的传统方式，采取将评价单元与各专题图件叠加采集各参评因素的信息。具体的做法是：①按唯一标识原则为评价单元编号；②在 ARCVIEW 环境下生成评价信息空间库和属性数据库；③在 ARCMAP 环境下从图形库中调出各化学性状评价因子的专题图，与评价单元图进行叠加计算出各因子的均值；④保持评价单元几何形状不变，在耕地资源管理信息系统中直接对叠加后形成的图形的属性库进行“属性提取”操作，以评价单元为基本统计单位，按面积加权平均汇总评价单元立地条件评价因子的分值。

由此，得到图形与属性相连的，以评价单元为基本单位的评价信息，为后续耕地地力的评价奠定了基础。

第四节　参评因素的选取及其权重确定

正确选取参评因素并确定其权重，是科学评价耕地地力的前提，直接关系到评价结果的正确性、科学性和社会可接受性。

一、参评因素的选取

参评因素是指参与评定耕地地力等级的耕地的诸属性。影响耕地地力的因素很多，在本次海阳市耕地地力评价中根据海阳市的区域特点遵循主导因素原则、差异性原则、稳定性原则和敏感性原则，采用定量和定性方法结合，进行了参评因素的选取。

（一）系统聚类方法

系统聚类方法用于筛选影响耕地地力的理化性质等定量指标，通过聚类将类似的指标进行归并，辅助选取相对独立的主导因子。我们利用 SPSS 统计软件进行了土壤养分等化学性状的系统聚类，结果如下：

从图 4-5 中可以看出，氯离子、全盐、硝态氮、全氮、交换性钙、有效硅、交换性镁、有效硼、有效钼、有效铁、有效锰、有效锌、有效铜、有效硫聚为一组，有效磷、速效钾、碱解氮、缓效钾聚为一组，有机质为一组，pH 值为一组。

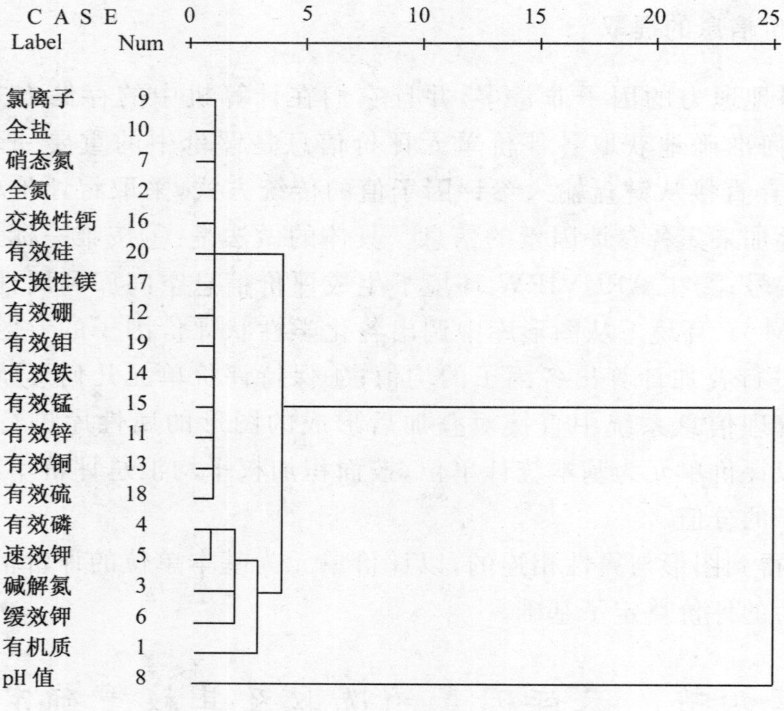

图 4-5 土壤养分等化学性状的聚类分析

(二)DELPHI 法

用 DELPHI 法进行了影响耕地地力的立地条件、物理性状等定性指标的筛选。我们确定了由土壤农业化学学者、专家及海阳市农业局业务人员组成的专家组，首先对指标进行分类，在此基础上进行指标的选取，并讨论确定最终的选择方案。

综合以上两种方法，在定量因素中根据各因素对耕地地力影响的稳定性，以及营养元素的全面性，在聚类分析第一组中选取有效锌、有效硼为参评因素，第二组中选取有效磷、速效钾为参评因素，第三组选取有机质为参评因素。结合专家组选择结果，最后确定灌溉保证率、坡度、地形地貌、耕层质地、剖面构型、障碍层状况、土层厚度、有机质、大量元素(速效钾、有效磷)、微量元素(有效锌、有效硼)等 12 项因素作为耕地地力评价的参评指标。

二、权重的确定

在耕地地力评价中，需要根据各参评因素对耕地地力的贡献确定权重，确定权重的方法很多，本评价中采用层次分析法(AHP)来确定各参评因素的权重。

层次分析法(AHP)是在定性方法基础上发展起来的定量确定参评因素权重的一种系统分析方法,这种方法可将人们的经验思维数量化,用以检验决策者判断的一致性,有利于实现定量化评价。AHP 法确定参评因素的步骤如下:

(一)建立层次结构

耕地地力为目标层(G 层),影响耕地地力的立地条件、物理性状、化学性状为准则层(C 层),再把影响准则层中各元素的项目作为指标层(A 层),其结构关系如图 4-6 所示。

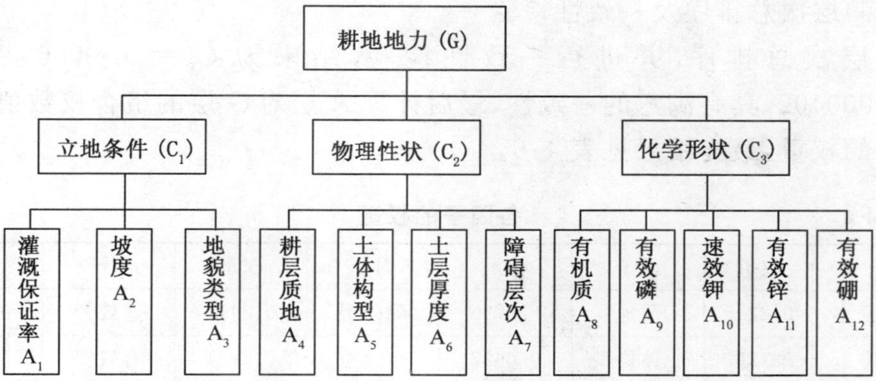

图 4-6 耕地地力影响因素层次结构

(二)构造判断矩阵

根据专家经验,确定 C 层对 G 层以及 A 层对 C 层的相对重要程度,共构成 A、C_1、C_2、C_3 共 4 个判断矩阵。例如,耕层质地、土体构型、有效土层厚度、障碍层次状况对耕地物理性状的判断矩阵表示为:

$$C_2=\begin{pmatrix} a_{11} & a_{12} & a_{13} & a_{14} \\ a_{21} & a_{22} & a_{23} & a_{24} \\ a_{31} & a_{32} & a_{33} & a_{34} \\ a_{41} & a_{42} & a_{43} & a_{44} \end{pmatrix}=\begin{pmatrix} 1 & 1.25 & 0.7143 & 1.6667 \\ 0.8 & 1 & 0.5714 & 1.3333 \\ 1.4 & 1.75 & 1 & 2.3333 \\ 0.6 & 0.75 & 0.4286 & 1 \end{pmatrix}$$

其中,a_{ij}(i 为矩阵的行号,j 为矩阵的列号)表示对 C_2 而言,a_i 对 a_j 的相对重要性的数值。

(三)层次单排序及一致性检验

即求取 A 层对 C 层的权数值,可归结为计算判断矩阵的最大特征根对应的特征向量。利用 SPSS 等统计软件,得到的各权数值及一致性检验的结果,见表 4-5。

表 4-5 权数值及一致性检验结果

矩阵	特征向量					C_I	C_R
矩阵 A		0.4186	0.3488	0.2326		−0.00000537	0.00000926<0.1
矩阵 C_1		0.1980	0.3564	0.4455		−0.00000369	0.00000575<0.1
矩阵 C_2	0.2159	0.2699	0.1542	0.3599		0.00000621	0.0000069<0.1
矩阵 C_3	0.0787	0.0945	0.1181	0.2362	0.4724	0.00000549	0.00000491<0.1

从表中可以看出,C_R<0.1,具有很好的一致性。

(四)层次总排序及一致性检验

经层次总排序,并进行一致性检验,结果为 C_I = 0.00000369,C_R =0.00000402,具有满意的一致性,最后计算 A 层对 G 层的组合权数值,得到各因子的权重,最终结果见表 4-6。

表 4-6 各因子的权重

因子	权重	因子	权重	因子	权重	因子	权重
灌溉保证率	0.2248	质地	0.0790	障碍层	0.0474	速效钾	0.0556
坡度	0.1252	土体构型	0.0632	有机质	0.0834	有效锌	0.0278
地形地貌	0.0996	土层厚度	0.1106	有效磷	0.0694	有效硼	0.0139

第五节 耕地地力等级的确定

土地是一个灰色系统,系统内部各要素之间与耕地的生产能力之间关系十分复杂,此外,评价中也存在着许多不严格、模糊性的概念,因此我们在评价中引入了模糊评价方法,采用模糊评价方法来进行耕地地力等级的确定。

一、参评因素隶属函数的建立

用 DELPHI 法根据一组分布均匀的实测值评估出对应的一组隶属度,然后在计算机中绘制这两组数值的散点图,再根据散点图进行曲线模拟,寻求参评因素实际值与隶属度关系方程从而建立起隶属函数。各参评因素的分级及其相应的专家赋值和隶属度如表 4-7 所示。

表 4-7　　　　参评因素的分级及其分值

参评因素	分级及分值											
坡度	0	0.2	0.5	1	3	5	7	10	15	25		
分值	98	100	98	95	90	80	60	30	10	1		
隶属度	0.98	1.00	0.98	0.95	0.90	0.80	0.60	0.30	0.10	0.01		
地形地貌	山前倾斜平地	缓岗	河漫滩	河谷梯田	近山阶地	坡麓梯田						
分值	97	93	80	60	40	20						
隶属度	0.97	0.93	0.80	0.60	0.40	0.20						
灌溉保证率	80	70	60	50	30	10	0					
分值	100	90	80	65	40	10	0					
隶属度	1.00	0.90	0.80	0.65	0.40	0.10	0					
有机质	2.0	1.8	1.6	1.4	1.2	1.0	0.8	0.6				
分值	100	98	95	90	84	78	65	50				
隶属度	1.00	0.98	0.95	0.90	0.84	0.78	0.65	0.50				
有效磷	400	300	200	110	80	60	40	30	20	15	10	5
分值	70	80	90	100	98	96	92	90	85	80	60	40
隶属度	0.70	0.80	0.90	1.00	0.98	0.96	0.92	0.90	0.85	0.80	0.60	0.40
速效钾	400	320	240	160	120	100	80	60				
分值	100	98	93	85	82	78	70	50				
隶属度	1.00	0.98	0.93	0.85	0.82	0.78	0.70	0.50				
有效锌	2.0	1.5	1.2	1.0	0.8	0.5	0.3					
分值	100	92	87	85	80	70	55					
隶属度	1.00	0.92	0.87	0.85	0.80	0.70	0.55					
有效硼	1.8	1.5	1.2	1.0	0.8	0.5	0.2					
分值	100	95	87	85	80	70	55					
隶属度	1.00	0.95	0.87	0.85	0.80	0.70	0.55					
耕层质地	中壤	轻壤	重壤	砂壤	砂土							
分值	100	95	80	70	55							
隶属度	1.00	0.95	0.80	0.70	0.55							

续表

参评因素	分级及分值									
障碍层状况	无障碍	浅黏	夹砂	砾质	石渣土					
分值	100	90	80	60	40					
隶属度	1.00	0.90	0.80	0.60	0.40					
剖面构型	中壤均质	中壤黏腰	轻壤黏腰	轻壤均质	中壤黏心	中壤砂腰	重壤均质	轻壤砂心	砂壤砂心	中层	薄层
分值	100	95	95	90	85	80	60	60	50	30	10
隶属度	1.00	0.95	0.95	0.90	0.85	0.80	0.60	0.60	0.50	0.30	0.10
有效土层	150	130	110	90	70	50	30				
分值	100	95	88	70	55	35	10				
隶属度	1.00	0.95	0.88	0.70	0.55	0.35	0.10				

通过模拟共得到直线型、戒上型、戒下型三种类型的隶属函数，其中有效磷属于以上两种或两种以上的复合型隶属函数，地貌类型、质地等描述性的因素属于直线型隶属函数，然后根据隶属函数计算各参评因素的单因素评价评语。以有机质为例绘制的散点图和模拟曲线如图 4-7、4-8 所示。

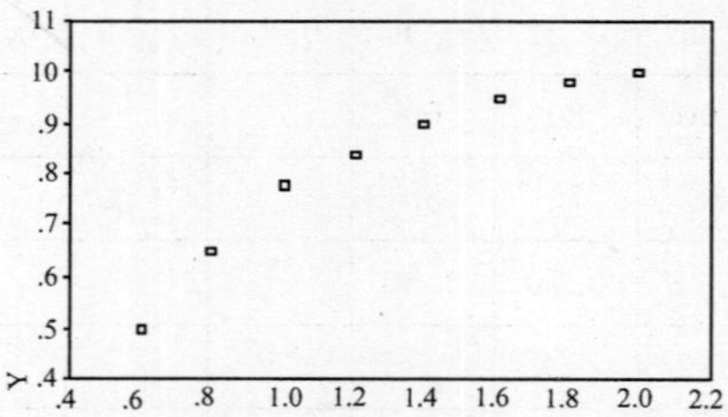

图 4-7　有机质与隶属度关系散点图

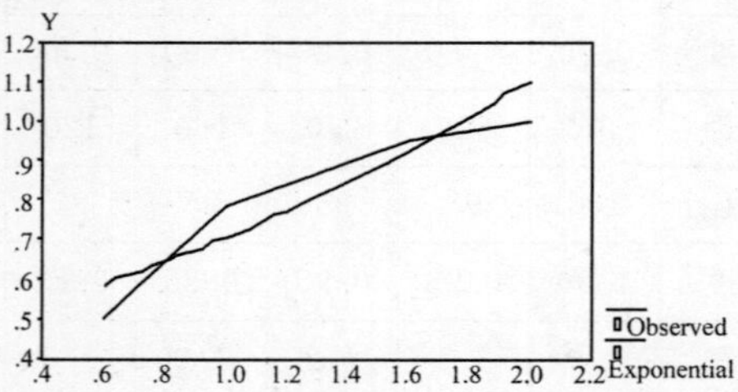

图 4-8　有机质与隶属度关系曲线

其隶属函数为戒上型，形式为：

$$y=\begin{cases} 0 & x\leqslant x_t \\ \dfrac{1}{[1+A\times(x-C)^2]} & x_t<x<C \\ 1 & c\leqslant x \end{cases}$$

各参评因素类型及其隶属函数如表 4-8 所示。

表 4-8　　2008 年海阳市各镇(办事处)人口与耕地统计

函数类型	参评因素	隶属函数	a	c	Ut
戒上型	有机质(g/kg)	$y=1/[1+A\times(x-C)^2]$	0.543	1.822	0.35
戒上型	速效钾(mg/kg)	$y=1/[1+A\times(x-C)^2]$	0.00000760	327.836	15
戒上型　<110	有效磷(mg/kg)	$y=1/[1+A\times(x-C)^2]$	0.0000992	80.159	3
戒下型　>110			0.00000742	111.967	450
戒上型	有效锌(mg/kg)	$y=1/[1+A\times(x-C)^2]$	0.245	1.924	0.1
戒上型	有效硼(mg/kg)	$y=1/[1+A\times(x-C)^2]$	0.251	1.879	0.1
正直线型	地貌类型(分值)	$y=A\times x$	0.01	100	0
正直线型	剖面构型(分值)	$y=A\times x$	0.01	100	0
正直线型	障碍层状况(分值)	$y=A\times x$	0.01	100	0
正直线型	耕层质地(分值)	$y=A\times x$	0.01	100	0
正直线型	坡度(分值)	$y=A\times x$	0.01	100	0
正直线型	灌溉保证率(分值)	$y=A\times x$	0.01	100	0
正直线型	有效土层(分值)	$y=A\times x$	0.01	100	0

二、耕地地力等级的确定

(一)计算耕地地力综合指数

用指数和法来确定耕地的综合指数,公式为:

$$IFI=\sum F_i\times C_i$$

式中:IFI(Integrated Fertility Index)代表耕地地力综合指数;F_i代表第 i 个因素评语;C_i 代表第 i 个因素的组合权重。

具体操作过程:在海阳耕地资源管理信息系统中,在“专题评价”模块中编辑立地条件、物理性状和化学性状的层次分析模型以及各评价因子的隶属函数模型,然后选择“耕地生产潜力评价”功能进行耕地地力综合指数的计算。

(二)确定最佳的耕地地力等级数目

计算耕地地力综合指数之后,在耕地资源管理系统中我们选择累积曲线分级法进行评价,根据曲线斜率的突变点(拐点)来确定等级的数目和划分综合指数的临界点,将海阳耕地地力共划分为六级,各等级耕地地力综合指数见表 4-9,综合指数分布见图 4-9。

表 4-9　　海阳市耕地地力等级综合指数

IFI	>0.745	0.646～0.745	0.574～0.646	0.510～0.574	0.442～0.510	<0.442
耕地地力等级	一	二	三	四	五	六

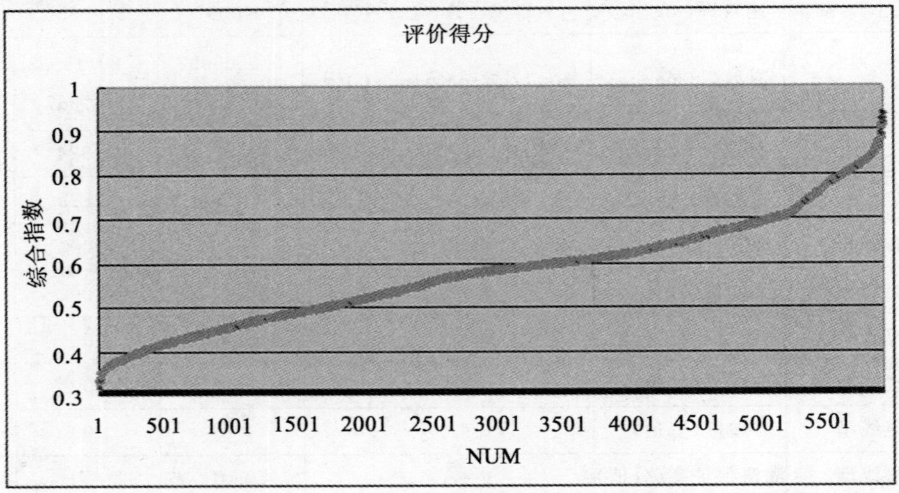

图 4-9　海阳市综合指数分布图

第六节　成果图编制及面积量算

一、图件的编制

为了提高制图的效率和准确性，在地理信息系统软件 MAPGIS 的支持下，进行海阳市耕地地力评价图及相关图件的自动编绘处理，其步骤大致分以下几步：扫描矢量化各基础图件→编辑点、线→点、线校正处理→统一坐标系→区编辑并对其赋属性→根据属性赋颜色→根据属性加注记→图幅整饰输出。另外还充分发挥 MAPGIS 强大的空间分析功能，用评价图与其他图件进行叠加，从而生成其他专题图件，如评价图与行政区划图叠加，进而计算各行政区划单位内的耕地地力等级面积等。

（一）专题图地理要素底图的编制

专题地图的地理要素内容是专题图的重要组成部分，用于反映专题内容的地理分布，并作为图幅叠加处理等的分析依据。地理要素的选择应与专题内容相协调，考虑图面的负载量和清晰度，应选择基本的、主要的地理要素。

我们以海阳市最新的土地利用现状图为基础，对此图进行了制图综合处理，选取主要的居民点、交通道路、水系、境界线等及其相应的注记，进而编辑生成 1∶50000 各专题图地理要素底图。

（二）耕地地力评价图的编制

以耕地地力评价单元为基础，根据各单元的耕地地力评价等级结果，对相同等级的相临评价单元进行归并处理，得到各耕地地力等级图斑。在此基础上，分两个层次进行图面耕地地力等级的表示：一是颜色表示，即赋予不同耕地地力等级以相应的颜色；二次是代号，用罗马数字Ⅰ、Ⅱ、Ⅲ、Ⅳ、Ⅴ、Ⅵ表示不同的耕地地力等级，并在评价图相应的耕地地力图斑上注明。将评价专题图与以上的地理要素图复合，整饰得海阳市 1∶50000 耕地地力评价图，见附图 1。

（三）其他专题图的编制

对于有机质、速效钾、有效磷、有效锌等其他专题要素地图，则按照各要素的分级分别赋予相应的颜色，标注相应的代号，生成专题图层。之后与地理要素图复合，编辑处理生成专题图件，并进行图幅的整饰处理，最终专题图见附图 2～13。

二、面积量算

面积的量算可通过与专题图相对应的属性库的操作直接完成。对耕地地力等级面积的量算，则可在 FOXPRO 数据库的支持下，对图件属性库进行操作，检索相同等级的面积，然后汇总得各类耕地地力等级的面积，根据海阳市图幅理论面积进行平差，得到准确的面积数值。对于不同行政区划单位内部、不同的耕地利用类型等的耕地地力等级面积的统计，则通过耕地地力评价图与相应的专题图进行叠加分析，由其相应属性库统计获得。

第五章　耕地地力分析管理系统的建立

耕地资源分析管理系统以一个行政区划内的耕地资源为管理对象，应用GPS、田间观测仪器等现代技术采集信息，引用GIS技术构建耕地资源基础信息系统，以此数据平台结合各类管理模型，对辖区内的耕地资源进行系统的动态管理。耕地地力的评价结果不仅为农业决策者提供决策参考，也可为基层农技推广人员和农民科学施肥、节水灌溉等农事操作提供重要依据，在提高农产品品质、提高质量、节约成本的同时，保护耕地的生产能力，减轻农事操作对环境的负面影响。

在本次耕地地力调查与质量评价工作中，我们利用农业部耕地资源管理信息系统软件提供的相关功能，结合全区耕地地力评价分析和耕地资源管理的具体要求，建立耕地基础信息数据库，设计相应的功能模块和应用模型，选择适宜的软硬件配置，集成为全区耕地资源分析管理系统。

第一节　系统任务及功能

一、系统任务

耕地资源分析管理系统的任务在于应用计算机及GIS技术、遥感技术，存储、分析和管理耕地地力信息，定量化、自动化地完成耕地地力评价流程，提高耕地地力分析和管理的水平，为耕地资源的高效和可持续利用奠定基础。

二、系统功能

结合当前的耕地地力分析管理需求，耕地地力分析管理系统应具备的功能为：

（一）多种形式的耕地地力要素信息的输入与输出功能

支持数字、矢量图形、图像等，多种形式的信息输入与输出。主要有：

1. 统计资料形式：如耕地地力各要素调查分析数据、社会经济统计数据等。

2. 图形形式：不同时期、不同比例尺的地貌、土壤、土壤利用等耕地地力相关专题图等。

3. 图像形式：包括耕地利用实地景观图片、遥感图像等。遥感图像又包括卫(航)片和数字图像两种形式。

4. 文献形式：如土壤调查报告、耕地利用专题报告等。

5. 其他形式：其他介质储存的系统数据等。

(二)耕地地力信息的存储及管理功能

存储各类耕地地力信息，实现图形与相应属性信息的连接，进行各类信息的查询及检索。完成统计数据的查询、检索、修改、删除、更新，图形数据的空间查询、检索、显示、数据转换、图幅拼接、坐标转换以及图像信息的显示与处理等。

(三)多途径的耕地地力分析功能

多途径的耕地地力分析功能包括对调查分析数据的统计分析、矢量图形的叠加等空间分析和遥感信息处理分析等功能。

(四)定量化、自动化的耕地地力评价

通过定量化的评价模型与 GIS 的连接，实现从信息输入、评价过程，到评价结果输出的定量化、自动化的耕地地力评价流程。

第二节 系统的功能模块及应用模型

一、系统功能模块

采样模块化结构设计将整个系统按功能逐步由上而下，从抽象到具体，逐层次的分解为具有相对独立功能，又具有一定联系的模块，每一模块可用简便的程序实现具体的特定功能。各模块可独立运行使用，实现相应的功能，并可根据需要进行方便的连接和删除，从而形成多层次的模块结构。系统模块结构如图 5-1 所示。

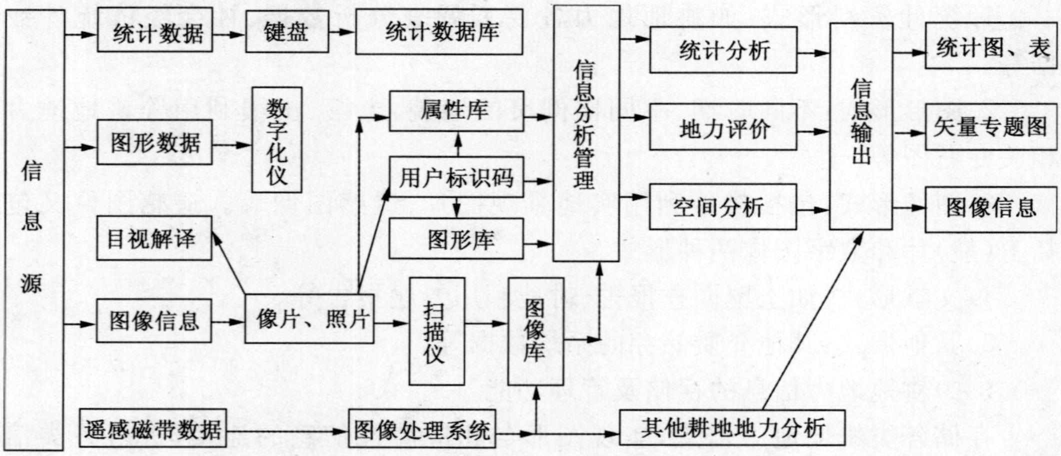

图 5-1 海阳市耕地地力分析管理系统模块结构

输入、输出模块:完成各类信息的输入及输出。

耕地地力评价模块:完成评价单元划分、参评因素提取及权重确定、评价分等定级等过程,支持进行耕地地力评价。

统计分析模块:完成耕地地力调查统计数据的各种分析。

空间分析模块:对耕地地力及其相关矢量专题图进行分析管理,完成坐标转换、空间信息查询检索、叠加分析等工作。

遥感分析模块:进行遥感图像的几何校正、增强处理、图像分类、差值图像等处理,完成土地利用及其动态、耕地地力信息的遥感分析。

二、系统应用模型

系统包括评价单元划分、参评因素选取、权重确定及耕地地力等级确定的各类应用模型,支持完成定量化、自动化的整个耕地地力评价过程,如图 5-2 所示。具体的应用模型如下:

(一)评价单元的划分

评价单元是土地评价的基本单元,评价单元的划分可以以土壤类型、土地利用类型等多种方法进行划分,但应用较多的是以地貌类型—土壤类型—植被(利用)类型的组合进行划分。耕地地力分析管理系统中耕地地力评价单元的划分采用叠加分析模型,通过土壤、土地利用等图幅的叠加自动生成评价单元图。

(二)评价数据的提取

评价数据的提取是根据数据源的形式采用相应的提取方法。一是采用叠加分析模型，通过评价单元图与各评价因素图的叠加分析，从各专题图上提取评价数据；二是通过复合模型将土地调查点与评价单元图复合，从各调查点相应的调查、分析数据中提取各评价单元信息。

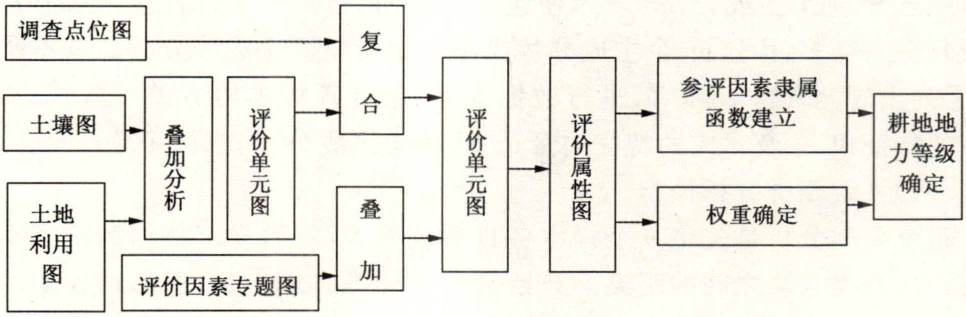

图 5-2 耕地地力评价计算机流程

三、参评因素筛选及权重确定模型

(一)多元线性回归分析

$$y=b_0+b_1x_1+b_2x_2+\cdots+b_nx_n$$

式中：y 为土地生产力指标（如产量、产值、净产值等）；x 为各耕地地力要素；b 为回归系数。

通过对回归方程总体效果检验和各自变量的重要性检验，剔除次要因子，从而建立耕地地力指标与参评因素的多元线性回归方程，以参评因素的标准回归系数计算其权重。

(二)逐步回归分析

逐步回归分析是经过多次变量的引入与剔除，逐步筛选出对因变量具有较大影响的因子的过程。即在预定的引入变量 F_1、剔除变量 F_2 的显著性水平下，选择偏回归平方和最大的变量检验后引入方程，然后检验方程中偏回归平方和最小的变量是否从方程中剔除；再引入偏回归平方和最大的变量，剔除偏回归平方和最小的变量……直到方程中所有变量检验均显著，方程外所有变量均达不到显著水平，逐步回归过程结束。

(三)层次分析模型

层次分析是将各个因子按照其相互影响的关系划分为不同的层次，建立其相互影响的关系矩阵，进而确定各因子重要程度的方法。

(四)通径分析模型

通径分析是根据通径系数进行自变量选取的一种分析方法，通径系数的大小反映了自变量的相对重要性程度。

(五)主成分分析模型

主成分分析是将多个指标化为少数指标的一种统计分析方法,即从 p 个变量中选择 m 个主成分($m \leqslant p$),使包含在 m 个主成分中的信息与原来 p 个变量几乎一样多,由这 m 个主成分替代原 p 个变量。主成分分析的基本步骤为:①列出观测资料矩阵 X,进行数据变换;②计算样本协方差矩阵;③求 S 矩阵的特征根 x_i 及对应的特征向量 u_i;④确定主成分 y_i,求因子复合量。

(六)系统聚类分析模型

系统聚类分析是先将 n 个样本各自看成一类,然后规定如何测定样本之间的距离和类与类之间的距离。开始时 n 个样本自成一类,然后选择距离最小的一对并成一个新类;计算新类与其他类的距离,将距离最近的两类合并……直到所有的样本合并为止,从而形成一树形的聚类图,根据需要确定类别。距离确定方法常用的有最短距离法、最长距离法、中间距离法、重心法、类平均法、离差平方和法等。

(七)逐步聚类模型

逐步聚类是针对样本点过多、计算工作量大的情况,分类时先大致将样本点分成 m 类,然后按某种最优原则修改,直到分类比较合理为止。如将 n 个 p 维样本分为 m 类,步骤如下:①初始分类:人为选择 m 个凝聚点,计算每个样本与凝聚点间的距离,归为 m 类;②修改分类:计算各类的重心,以此作为新的凝聚点,再次凝聚;③重复以上过程至样本类别稳定为止。

(八)模糊聚类及综合评判模型

模糊聚类及综合评判是将所有评价单元数据作为一个论域 S,即 $S=\{s_1, s_2, \cdots, s_n\}$,每个单元称为论域 S 的一个元素或样本,每个元素(样本)由一系列土地参评因素组成,按以下步骤聚类:①标定,即数据标准化,采用相关系数法、夹角余弦法、最大最小法、闵可夫斯基距离法等;②建立模糊相似关系矩阵,通过标定对容量为 n 的集合 S,得到$n \times n$个表示元素两两相似程度的数,构成相似矩阵 R;③根据模糊相似关系矩阵构造模糊等价关系矩阵;④选定适当的阈值进行聚类,得到动态聚类图。

模糊综合评判则是根据各因素对耕地地力的影响程度建立相应的隶属函数,由此确定各因素的隶属度,结合各因素的权重确定耕地地力等级。

(九)逐步判别分析模型

判别分析是根据一个样本点若干变量的观测值,将这一样本归类到若干总体之一的方法。逐步判别分析则可在判别函数中逐次引入判别能力显著的变量，同时剔除次要变量。基本步骤为：①计算样本均值向量；②计算样本协方差阵；③计算组内离差阵；④逐步计算；⑤建立判别函数，进行判别分类。

（十）空间叠加分析模型

在 GIS 支持下进行耕地地力评价中诸要素的信息复合分析。一方面该模型用于评价单元的划分，快速而准确地生成评价单元图；另一方面进行土地参评因素的叠加分析，通过信息复合，并依据耕地地力评价标准生成评价结果图。

第三节 系统数据库的建立

一、系统信息源

（一）统计资料

海阳市 1983 年第二次土壤普查资料、土地资源详查资料、近几年社会经济统计资料以及其他科研、专题调查等有关统计资料。

（二）图形资料

海阳市耕地地力相关的各类专题图件，主要包括海阳市 1∶50000 地形图、行政区划图、土地利用现状图、地貌类型图、土壤图、土壤表层质地图、土体构型图、各类养分图、污染元素分布图以及评价结果图等。

（三）图像资料

图像资料包括海阳市 2004 年 3 月 26 日全景和 2004 年 2 月 4 日 1/4 景 SPOT5 多光谱卫星影像及其分类等处理结果，以及野外耕地利用等实地照片。

（四）文献资料

文献资料主要包括海阳市土壤普查、土地资源详查、土地利用总体规划及专题规划、有关耕地调查研究等文献资料。

二、信息的处理

数据分类及编码是对系统信息进行统一而有效管理的重要依据和手段，为便于耕地地力的存储、分析和管理，实现系统数据的输入、存储、更新、检索查询、运算以及系统间数据的交换和共享，需要对各种数据进行分类和编码。

目前，对于耕地地力分析与管理系统数据尚没有统一的分类和编码标准，我们在海阳市系统数据库建立中主要借鉴了相关的已有分类编码标准。

如土壤类型的分类和编码、有关土壤养分的级别划分和编码，主要依据是第二次土壤普查的有关标准。土地利用类型的划分则采用由全国农业区划委员会制定的土地资源详查的划分标准。其他如耕地地力评价结果、文件的统一命名等则考虑应用和管理的方便，制定了统一的规范，为信息的交换和共享提供了接口。

三、信息的输入及管理

（一）图形数据的入库与管理

1. 数据整理与输入

为保证数据输入的准确快速，需进行数据输入前的整理。首先需对专题图件进行精确性、完整性、现时性的分析，在此基础上对专题地图的有关内容进行分层处理，根据系统设计要求选取入库要素。图形信息的输入可采用手扶跟踪数字化或扫描矢量化方法，相应的属性数据采用键盘录入。

2. 图形编辑及属性数据连接

数字化的几何图形可能存在悬挂线段、多边形标识点错误和小多边形等错误，利用 MAPGIS 提供的点、线和区属性编辑修改工具，可进行图面的编辑修改、制图综合。图层中的每个图形单元均有一个标志码来唯一确定，它既存在于位置数据中，又存放在相应的属性文件中，作为属性表的一个关键字段，由此将空间数据和属性数据连接在一起。可分别在数字化过程中以及图形编辑中完成图形标志码的输入，对应标志码添加属性数据信息。

3. 坐标变换与图形拼接

GIS 空间分析功能的实现要求数据库中的地理信息以相同的坐标为基础。地图的坐标系来源于地图投影。我国基本比例尺地图，比例尺大于 1∶500000地图采用高斯—克吕格投影；1∶1000000 地图采用等角圆锥投影；比例尺大于 1∶100000 地图则以经纬线作其图廓，以方里网注记。经扫描或数字化仪数字化产生的坐标是一个随机的平面坐标系，不能满足空间分析操作的要求，应转换为统一的大地经纬坐标或方里网实地坐标。应用相关软件提供的坐标转换等功能，实现坐标的转换及误差的消除。

由于研究区域范围以及比例尺的关系，整个研究区地图可能分为多幅，从而需要进行图幅的拼接。一方面，图幅的拼接可以在扫描矢量化以前进行扫描图像间的拼接；另一方面，则在矢量化以后根据地物坐标进行图形的拼接。

4.图形信息的管理

经过对图形信息的输入和处理，分别建立了相应的图形库和属性库。MAPGIS 软件通过点、线和区文件的形式实现对图形的存储管理，可采用 EXCEL、FOXPRO 等直接进行其相应属性数据的操作管理，使操作更加方便和灵活。

（二）统计数据的建库管理

对统计数据内容进行分类，考虑系统有关模块使用统计数据的方便，按照 FOXPRO 等建库要求建立数据库结构，键盘录入各类统计数据，进行统一的管理。

（三）图像信息的建库管理

以遥感图像分析处理软件 ERDAS IMAGINE 和 ENVI 进行管理，该软件具有图像的输入输出、纠正处理、增强处理、图像分类等各种功能，其分析处理结果可以转为 BMP、JPG、TIF 等普通图像格式，由此可通过 PHOTOSHOP 等与其他景观照片等图像进行统一管理，建立图像库。

四、数据库的结构

数据库的基本结构及建库流程如图 5-3 所示。

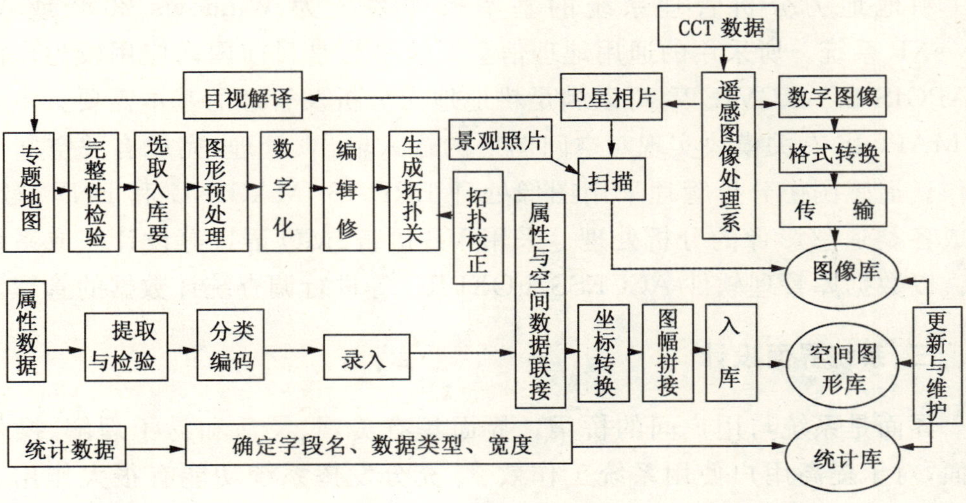

图 5-3 海阳市耕地地力分析管理系统建库作业流程

第四节 系统软硬件及界面设计

一、系统硬件

根据耕地地力分析管理的需要，耕地资源分析管理系统的基本硬件配置为：高档微机、数字化仪（A0）、喷墨绘图仪（A0）、扫描仪（A0）、打印机等，如图5-4所示。

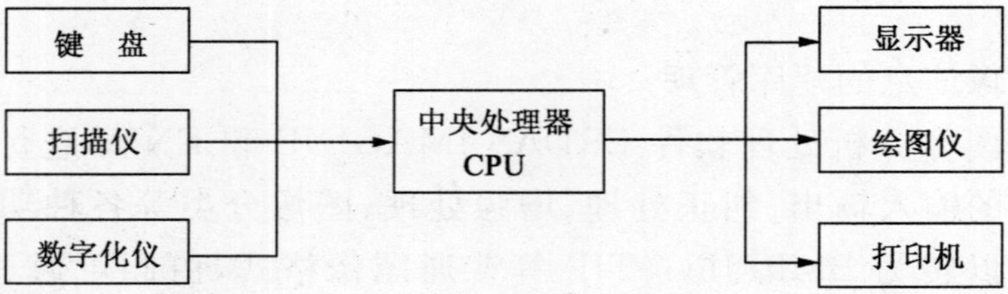

图 5-4 耕地地力分析管理系统的基本硬件配置

二、系统软件

耕地地力分析管理系统的基本操作系统为 Windows 2000 或 WindowsXP 系统。所采用的通用地理信息系统平台是目前国内应用较为广泛的 MAPGIS 和 ARCVIEW，可以满足耕地地力分析及管理的基本需要。主要利用 MAPGIS 有关模块实现对空间图形的输入输出、管理，完成有关空间分析操作。遥感图像分析管理采用图像处理 ERDAS IMAGING 和 ENVI 软件，完成各类遥感影像的分析处理。采用 VB 语言、MO 语言等设计完成系统界面。以数据库管理软件 ACCESS、FOXPRO 等进行调查统计数据的管理。

三、系统界面设计

界面是系统与用户间的桥梁。界面具有美观、灵活和易于理解、操作的界面，对于提高用户使用系统工作效率、充分发挥系统功能有很大作用。耕地地力分析管理系统界面根据系统多层次的模块化结构，主要采用 VB 语言设计编写，以 Windows 为界面。为便于系统的结果演示，则将 VB 与 MO 结合，直接调用和查询显示耕地地力的各类分析结果，通过菜单操作完成系统的各种功能，如图 5-5 所示。

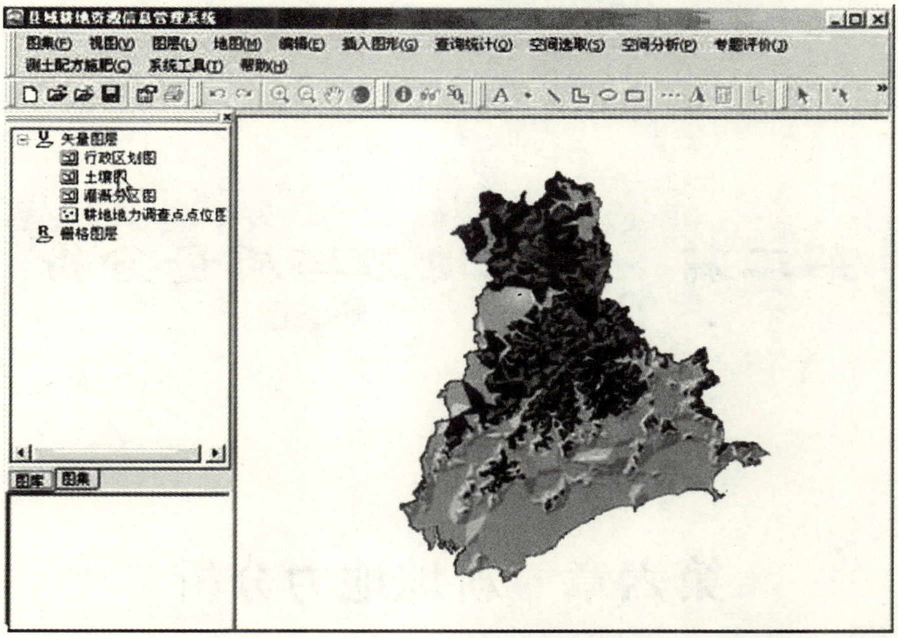

图 5-5 耕地资源分析管理系统界面

第二篇　耕地地力与质量分析

第六章　耕地地力分析

本次耕地地力分析，按照农业部耕地质量调查和评价的规程及相关标准，结合当地实际情况，选取了对耕地地力影响较大，区域内变异明显，在时间序列上具有相对稳定性，与农业生产有密切关系的十二个因素，建立评价指标体系。以土壤图与土地利用现状图叠加形成评价单元，应用模糊综合评判方法，通过综合分析将全市耕地共划分为六个等级，根据评价结果进行耕地地力的系统分析。

第一节　耕地地力等级及地域分布

一、耕地地力等级面积

利用 MAPGIS 软件，对评价图属性库进行操作，检索统计耕地各等级的面积和图幅总面积。以 2008 年海阳市耕地总面积 73600.32hm^2 为基准，按面积比例平差，计算出各耕地地力等级面积。

海阳市耕地总面积为 73600.32hm^2，其中一级地 4478.22hm^2，占耕地总面积的6.08%；二级地 8154.08hm^2，占 11.08%；三级地 16218.55hm^2，占22.04%；四级地 11790.73hm^2，占 16.02%；五级地 16931.22hm^2，占 23%；六级地 16027.53hm^2，占21.78%。见表 6-1。

表 6-1 海阳市耕地地力评价结果面积统计

等 级	一级地	二级地	三级地	四级地	五级地	六级地	总 计
面积(hm^2)	4478.22	8154.08	16218.55	11790.73	16931.22	16027.53	73600.32
百分比(%)	6.08	11.08	22.04	16.02	23.00	21.78	100

二、耕地地力等级地域分布

(一)耕地地力等级的行政区域划分布

将全市耕地地力等级分布图与海阳市行政区划图进行叠置分析,从耕地地力等级行政区域分布数据库中,按权属字段检索出各等级的记录,统计出各级耕地在各乡镇的分布状况。见表 6-2。

表 6-2 海阳市耕地地力等级行政区域分布

乡 镇		一级地	二级地	三级地	四级地	五级地	六级地	合 计
东村办事处	面积(hm^2)	80.78	185.43	161.2	256.93	448.48	1351.07	2483.89
	百分比(%)	3.25	7.47	6.49	10.34	18.06	54.39	100
方圆办事处	面积(hm^2)	633.89	424.37	687.07	257.49	295.93	427.37	2726.12
	百分比(%)	23.25	15.57	25.20	9.45	10.86	15.68	100
凤城办事处	面积(hm^2)	374.15	849.04	1288.51	317.91	279.42	30.84	3139.88
	百分比(%)	11.92	27.04	41.04	10.12	8.90	0.98	100
徐家店镇	面积(hm^2)	49.69	117.32	760.86	737.23	1892.84	479.01	4036.95
	百分比(%)	1.23	2.91	18.85	18.26	46.89	11.87	100
郭城镇	面积(hm^2)	61.52	701.25	1336.43	2242.65	2036.65	280.37	6658.87
	百分比(%)	0.92	10.53	20.07	33.68	30.59	4.21	100
发城镇	面积(hm^2)	22.69	328.91	1160.59	704.32	1660.26	1628.71	5505.48
	百分比(%)	0.41	5.97	21.08	12.79	30.16	29.58	100
朱吴镇	面积(hm^2)	146.87	256.02	675.5	1385.29	1494.43	3976.01	7934.12
	百分比(%)	1.85	3.23	8.51	17.46	18.84	50.11	100
盘石店镇	面积(hm^2)	309.99	483.23	566.39	605.76	487.91	2320.15	4773.43
	百分比(%)	6.49	10.12	11.87	12.69	10.22	48.61	100
小纪镇	面积(hm^2)	0	537.16	958.98	1324.22	2953.46	3070.55	8844.36
	百分比(%)	0	6.07	10.84	14.97	33.39	34.72	100
留格庄镇	面积(hm^2)	1323.57	1664.19	1338.78	557.76	636.06	581.53	6101.88
	百分比(%)	21.69	27.27	21.94	9.14	10.42	9.53	100

续表

乡 镇		一级地	二级地	三级地	四级地	五级地	六级地	合 计
二十里店镇	面积(hm^2)	283.65	482.6	980.45	853.64	1422.26	1358.26	5380.86
	百分比(%)	5.27	8.97	18.22	15.86	26.43	25.24	100
行村镇	面积(hm^2)	700.64	825.89	1976.06	937.81	1463.7	322.67	6226.76
	百分比(%)	11.25	13.26	31.73	15.06	23.51	5.18	100
大闫家镇	面积(hm^2)	279.19	327.41	1614.17	376.97	474.32	26.74	3098.81
	百分比(%)	9.01	10.57	52.09	12.16	15.31	0.86	100
辛安镇	面积(hm^2)	154.08	393.69	2416.45	1039.98	1374.92	169.43	5548.55
	百分比(%)	2.78	7.10	43.55	18.74	24.78	3.05	100
海阳开发区	面积(hm^2)	57.5	577.55	297.11	192.78	10.58	4.82	1140.35
	百分比(%)	5.04	50.65	26.05	16.91	0.93	0.42	100

从表中可以看出，一、二级耕地所占比例较高的乡镇是方圆办事处、留格庄镇和海阳开发区，三、四级耕地所占比例较高的乡镇有辛安镇、大闫家镇、凤城办事处和行村镇，五、六级耕地所占比例较大的乡镇有徐家店镇、发城镇、朱吴镇、盘石店镇、小纪镇和东村办事处。

(二)耕地地力等级的自然分布

一、二级耕地主要分布于海阳市南部，微地貌类型为山前倾斜平地、缓平地、河滩地，农业基础设施均配套成型。三、四级耕地比较分散，全市各处都有，微地貌类型为岭地、岭坡梯田和坡麓梯田。五、六级耕地主要分布在中部地区，微地貌类型为近山阶地、沟谷梯田。

从等级的分布地域特征可以看出，等级的高低与地貌类型、土壤类型及海拔高度之间存在着密切的关系，呈现出地域规律：随着等级的提高，耕地地力下降，微地貌类型变化趋势为山前倾斜平地—缓平地—坡麓梯田—岭坡梯田—沟谷梯田。海拔高度由低到高，土体厚度由厚到薄，土壤类型变化趋势为潮棕壤—棕壤—棕壤性土。

三、耕地地力变化情况

(一)等级面积变化情况

全国第二次土壤普查(1979～1988 年)时，对土地生产能力进行了评级。按照当时的评级依据和原则，海阳县的耕地没有一级和六级，只有二、三、四、五级四个级别，其面积分别是：二级耕地 3408hm^2；三级耕地 20026hm^2；四级耕地 36814.8hm²;五级耕地27130.8hm²。这次地力调查与质量评价发现,耕地地力有明显提高。新增一级耕地 4478.2hm²,二级耕地增加了 4746.08hm²,三、四、五级耕地分别减少了 3807.45hm²、25024.07hm² 和 10199.58hm²,但同时也多出了 16027.53hm² 六级耕地,部分原因是评价标准不尽一致。

(二)土壤养分变化情况

全国第二次土壤普查时,为了形象描述土壤养分,将其含量进行了人为分级,分级标准见表 6-3 和表 6-4。

表 6-3　　土壤有机质和大、中量元素含量分级表

级别	有机质 (g/kg)	全氮 (g/kg)	速效氮 (mg/kg)	有效磷 (mg/kg)	速效钾 (mg/kg)	交换钙 (mg/kg)	交换镁 (mg/kg)	有效硫 (mg/kg)	评价
1	>20	>1.0	>90	>20	>100	>550	>200	>50	高
2	20~10	1.0~0.75	90~60	20~10	100~70	550~500	200~150	50~40	较高
3	10~6	0.75~0.5	60~45	10~5	70~50	500~450	150~100	40~30	中等
4	6~3	0.5~0.3	45~30	5~3	50~ 30	450~400	100~50	30~20	较低
5	<3	<0.3	<30	<3	<30	<400	<50	<20	低

表 6-4　　土壤微量元素含量分级表

级别	有效硼 (mg/kg)	有效铜 (mg/kg)	有效锰 (mg/kg)	有效钼 (mg/kg)	有效铁 (mg/kg)	有效锌 (mg/kg)	评价
1	>2.0	>1.8	>15.0	>0.30	>5.0	>5.0	高
2	2.0~1.5	1.8~1.0	15.0~12.0	0.30~0.21	5.0~2.1	5.0~2.1	较高
3	1.5~1.0	1.0~0.3	12.0~9.0	0.20~0.16	2.0~1.1	2.0~1.1	中等
4	1.0~0.5	0.3~0.1	9.0~7.0	0.15~0.10	1.0~0.5	1.0~0.5	较低
5	<0.5	<0.1	<7.0	<0.10	<0.5	<0.5	低

海阳县是 1983 年开始进行的第二次土壤普查,当时共取了 1468 个土壤样品,化验分析了有机质、全氮、速效氮、有效磷、速效钾和部分中微量元素。这次耕地地力调查,又取了 3938 个土壤样品,也化验了上述各项目。前后对比发现:有机质含量由过去的7.5g/kg提高到 12g/kg;全氮由 0.51g/kg 提高到 0.65g/kg;碱解氮由 50mg/kg 提高到 70mg/kg;有效磷由 6.9mg/kg 提高到 32mg/kg;速效钾由 54mg/kg 提高到 90mg/kg。其中有效磷含量翻了两番多,钾含量也增加了近 1 倍。这是多年来推广使用磷肥钾肥和提倡秸秆还田

的结果。尤其是磷肥，当季利用率很低，大部分残留在地里。土壤的酸碱度指标 pH 值的众数由 6.5 下降到 5.5，说明土壤酸化趋势明显。造成土壤酸化的原因是多方面的，但过量使用氮肥是主要的原因。

第二节 耕地地力等级分述

一、一级耕地

（一）面积与分布

一级耕地面积 4478.22hm^2，占全市总耕地面积的 6.1%，为全市耕地面积最小的一个等级，可见，海阳市真正的好地不多。其中粮田面积 1340.71hm^2，占一级耕地面积的 29.9%；蔬菜地面积 2942.51hm^2，占一级耕地面积的 65.7%；蔬菜地中露天菜地782.75hm^2，占一级耕地面积的 17.5%；日光温室 982.76hm^2，占一级耕地面积的21.9%；蔬菜大棚 1177hm^2，占一级耕地面积的 26.3%（表 6-5）。主要分布在留格河、纪疃河和白沙河下游两岸。

表 6-5　　各利用类型一级耕地面积及比例

利用类型	面积（hm^2）	占总耕地面积比例（%）	占一级耕地面积比例（%）
粮田	1340.71	1.8	29.9
油料（花生）	195	0.3	4.4
露天菜地	782.75	1.1	17.5
日光温室	982.76	1.3	21.9
塑料大棚	1177	1.6	26.3
合计	4478.22	6.1	100

（二）主要属性分析

一级耕地综合评价指数大于 0.745。土壤类型以潮棕壤为主，土壤表层质地为轻壤和中壤，土体构型以轻壤均质、轻壤黏心和中壤黏腰为主。微地貌类型以山前倾斜平地、河滩地为主，还有少量岭地，坡度为 0°～7°。农田水利设施较为完善，灌排条件好，灌溉保证率相对较高。土壤养分含量见表 6-6 和表 6-7。

表 6-6　一级耕地土壤有机质及大量元素含量水平

项目	有机质(g/kg)	全氮(g/kg)	速效氮(mg/kg)	有效磷(mg/kg)	缓效钾(mg/kg)	速效钾(mg/kg)
样本数	348	48	301	348	21	348
最小值	4.0	0.39	2	2.3	250	25
最大值	23.0	1.39	157	72.6	822	169
众数	9.0	0.59	63	28.0	—	84
平均值	12.0	0.71	73	33.0	482	92
方差	2.9	0.20	25.29	15.6	141	25
变异系数	0.24	0.28	0.34	0.47	0.29	0.28
偏度	0.72	1.09	0.47	0.47	0.43	0.19
峰度	0.47	1.82	0.51	−0.31	0.15	0.48
评价	较高	中等	较高	高	—	较高

表 6-7　一级耕地土壤中微量元素含量水平及酸碱度

项目	交换性钙(mg/kg)	交换性镁(mg/kg)	有效锰(mg/kg)	有效铜(mg/kg)	有效铁(mg/kg)	有效锌(mg/kg)	pH 值
样本数	21	21	66	96	96	96	348
最小值	45.70	58.90	8.20	0.31	4.70	0.18	4.1
最大值	795.60	215.80	35.00	36.6	43.40	2.90	8.3
众数	—	—	10.00	0.80	12.30	0.70	5.4
平均值	405.90	118.02	21.70	2.09	20.61	1.00	—
方差	169.03	47.23	7.66	4.52	10.47	0.61	—
变异系数	0.42	0.40	0.35	2.17	0.51	0.61	—
偏度	0.25	0.51	−0.18	5.92	0.41	1.14	0.85
峰度	0.75	−0.67	−0.88	39.55	−1.22	0.84	0.37
评价	较低	中等	高	高	高	较低	酸性

一级耕地土壤有机质及氮、磷、钾、锰、铜、铁等元素的平均含量都处在高或较高水平，但变化幅度较大，变异系数都在 24％以上，特别是有效铜含量的变异系数高达 217％；交换性钙、镁和有效锌含量处在中等或较低水平，其平均数的代表性也很差，变异系数高达 40％～61％，说明农田联产承包到户后，农民经营管理水平迥异，导致土壤养分差异悬殊。有机质、氮、磷、钾、钙、镁、

铜、铁和锌的偏度值为正，表示数据呈正偏态分布，平均值以大数据相对分散；有效锰的偏度值为负，表示数据呈负偏态分布，平均值以小数据相对分散。峰度值则是有机质、氮、钾、钙、铜和锌的为正，表示数据呈高窄峰状态分布，铜的数据尤为突出；而有效磷、铁、锰和交换性镁的为负，表示数据呈低阔峰状态分布。土壤 pH 值众数为 5.4，呈酸性。

（三）存在问题

一级耕地存在问题：一是该地区属全市经济较发达地区，人们历来较注重二、三产业，农业投入比例明显低于二、三产业投入；二是土壤肥力与高产、高效农业的需求还有一定差距，有些养分含量相对较低；三是施肥、用药种类与比例不合理，缺乏针对性，盲目性较大；四是由于经济发达，工矿企业较多，点源污染程度有所加重。

（四）合理利用

一级耕地是全市综合性能最好的耕地，各项评价指标均属良好型。土层厚，排灌性好，易于耕作，养分含量高，保肥、保水，适于各种作物生长，是海阳市的丰产耕地。利用方向是发展高产、优质、高效农业，如无公害蔬菜基地、日光温室、反季节瓜果栽培等。为此，应搞好以下工作：一是农业部门应结合科技入户、测土配方施肥等工程，加大宣传力度，转变观念，提高认识，加大农业投入，提升农业综合生产能力；二是增施有机肥，增加土壤有机质含量，防止土壤污染，提高耕地质量；三是加大检测力度，确保农业灌溉、施肥、用药安全，搞好无公害生产；四是科学规划，严格控制建设用地，加强保护，做到用地养地，可持续利用。

二、二级耕地

（一）面积与分布

二级耕地面积 8154.08hm^2，占全市总耕地面积的 11.1%。其中粮田面积 4606.99hm^2，占二级地面积的 56.5%；蔬菜地面积 1965.09hm^2，占二级地面积的 24%；蔬菜地中露天菜地 539.53hm^2，占二级地面积的 6.6%；日光温室 639.52hm^2，占二级地面积的 7.8%；蔬菜大棚 786.04hm^2，占二级地面积的 9.6%（表 6-8）。主要分布在留格庄镇、海洋开发区、凤城办事处、方圆办事处和行村镇，其中以留格庄镇分布面积最大，为 1664hm^2，占乡镇耕地总面积的 27.27%。大闫家镇、郭城镇、盘石店镇、二十里店镇和东村办事处等乡镇有少量或零星分布。

表 6-8 各利用类型二级耕地面积及比例

利用类型	面积（hm^2）	占总耕地面积比例（%）	占二级地面积比例（%）
粮田	4606.99	6.3	56.5
油料（花生）	1315	1.8	16.1
露天菜地	539.53	0.7	6.6
日光温室	639.52	0.9	7.8
塑料大棚	786.04	1.1	9.6
其他	267	—	3.3
合计	8154.08	11.1	100

（二）主要属性分析

二级耕地综合评价指数为 0.646～0.745。土壤类型以潮棕壤、棕壤为主，兼有少量潮土。土壤表层质地主要是轻壤、中壤和砂土，土体构型以中壤黏腰、轻壤均质、砂均质和轻壤黏心为主，有少量中层。微地貌类型以河滩地、倾斜平地为主，还有少量岭地和缓平地。坡度为 0°～15°。农田水利设施较为完善，灌排条件良好，有一半地区灌溉保证率达到 50%以上。土壤养分含量见表 6-9 和表 6-10。

表 6-9 二级耕地土壤有机质及大量元素含量水平

项目	有机质（g/kg）	全氮（g/kg）	速效氮（mg/kg）	有效磷（mg/kg）	缓效钾（mg/kg）	速效钾（mg/kg）
样本数	405	50	348	407	26	407
最小值	7.0	0.34	2	7.0	137	31
最大值	22.0	1.29	172	72.6	913	350
众数	11.0	0.47	56	25.9	—	86
平均值	12.0	0.65	71	32.3	553	88
方差	2.8	0.21	28	15.2	189	29
变异系数	0.23	0.32	0.39	0.47	0.34	0.34
偏度	0.61	1.15	0.59	0.42	−0.06	1.87
峰度	0.63	1.23	0.76	−0.46	−0.43	14.82
评价	较高	中	较高	高	—	较高

表 6-10 二级耕地土壤中微量元素含量水平及酸碱度

项目	交换性钙 (mg/kg)	交换性镁 (mg/kg)	有效锰 (mg/kg)	有效铜 (mg/kg)	有效铁 (mg/kg)	有效锌 (mg/kg)	pH值
样本数	26	26	74	103	103	103	399
最小值	71.40	57.80	5.30	0.17	0.90	0.26	4.2
最大值	798.00	239.80	35.10	10.70	43.50	7.10	8.5
众数	—	—	10.30	0.90	12.10	0.70	5.5
平均值	371.87	133.93	22.84	1.71	18.66	1.05	—
方差	183.71	38.31	8.30	2.08	9.41	0.90	—
变异系数	0.49	0.29	0.36	1.22	0.50	0.86	—
偏度	0.69	0.85	−0.31	2.45	0.40	3.66	0.86
峰度	0.02	1.68	−1.02	5.63	−0.63	20.07	0.66
评价	低	中	高	较高	高	较低	酸性

二级耕地土壤有机质及氮、磷、钾、锰、铜、铁等元素的平均含量都处在高或较高水平，但变化幅度较大，变异系数都在23%以上，特别是有效铜含量的变异系数高达122%；交换性钙、镁和有效锌含量处在中等或较低水平，其平均数的代表性也很差，变异系数达到49%、29%和86%，说明农田联产承包到户后，经营者管理水平迥异，导致土壤养分差异悬殊。有机质、氮、磷、钾、钙、镁、铜、铁和锌的偏度值为正，表示数据呈正偏态分布，平均值以大数据相对分散；缓效钾和有效锰的偏度值为负，表示数据呈负偏态分布，平均值以小数据相对分散。峰度值则是有机质、氮、钾、钙、铜和锌的为正，表示数据呈高窄峰状态分布，锌的数据尤为突出；而有效磷、铁和锰的为负，表示数据呈低阔峰状态分布。土壤pH值众数为5.5，呈酸性。

(三)存在问题

二级地存在的问题主要是部分地区耕层中存在砾质、夹砂、浅黏等障碍性层次；部分耕地地形坡度较大，耕地环境质量欠佳；灌溉水平参差不齐，少量耕地靠天吃饭。

(四)合理利用

合理利用的措施：增施有机肥料，实行秸秆直接还田或过腹还田，不断培肥地力；采取深耕等措施，破除犁地层，改良土壤质地和构型，有利于作物根系伸展；同时与农田基础建设相结合，兴修水利，大力推广节水灌溉技术，扩大灌溉面积；平整土地，改良作物种植条件；在坚持因地制宜的基础上，着重补施钾肥。

三、三级耕地

(一)面积与分布

三级耕地面积 16218.55hm^2,占全市总耕地面积的 22.03%。其中粮田面积10665.02hm^2,占三级地面积的 65.8%;蔬菜地面积 1413.31hm^2,占三级地面积的8.7%;蔬菜地中露天菜地 806.65hm^2,占三级地面积的 5%;日光温室 182.67hm^2,占三级地面积的1.1%;蔬菜大棚 423.99hm^2,占三级地面积的2.6%(表 6-11)。主要分布在大闫家镇、辛安镇、凤城办事处、行村镇、海阳开发区、郭城镇、发城镇和徐家店镇,其中以辛安镇分布面积最大,为2416.45hm^2,占该镇耕地面积的 43.55%。二十里店镇、小纪镇、方圆办事处和朱吴镇等有少量或零星分布。

表 6-11　各利用类型三级耕地面积及比例

利用类型	面积(hm^2)	占总耕地面积比例(%)	占三级地面积比例(%)
粮田	10665.02	14.5	65.8
油料(花生)	3470.54	4.7	21.4
露天菜地	806.65	1.1	5.0
日光温室	182.67	0.2	1.1
塑料大棚	423.99	0.6	2.6
其他	669.67	—	4.1
合计	16218.55	21.1	100

(二)主要属性分析

三级耕地综合评价指数为 0.574～0.646。土壤类型以棕壤、潮壤为主,兼有少量粗骨土、褐土、砂质土和盐土。土壤表层质地主要是轻壤、中壤和砂壤,土体构型以砂均质、中壤黏心、轻壤砂心和中壤黏腰为主,有少量中层和砂均质。微地貌类型主要是河滩地、倾斜平地、岭地和岭坡梯田,有少量缓平地,坡度为 0°～15°。一半地区的灌溉保证率达到或接近 50%。土壤养分含量见表 6-12 和表 6-13。

表 6-12　　三级耕地土壤有机质及大量元素含量水平

项目	有机质 (g/kg)	全氮 (g/kg)	速效氮 (mg/kg)	有效磷 (mg/kg)	缓效钾 (mg/kg)	速效钾 (mg/kg)
样本数	671	137	603	672	51	672
最小值	4.0	0.31	6	0.3	141	16
最大值	22.0	1.20	172	72.5	1050	292
众数	12.0	0.58	63	29.2	529	—
平均值	11.9	0.66	70	31.6	521	92
方差	2.8	0.19	28	15.6	222	28.2
变异系数	0.24	0.28	0.39	0.49	0.43	0.31
偏度	0.51	0.42	0.47	0.36	0.50	1.27
峰度	0.20	−0.15	0.44	−0.27	−0.22	6.67
评价	较高	中	较高	高	—	较高

表 6-13　　三级耕地土壤中微量元素含量水平及酸碱度

项目	交换性钙 (mg/kg)	交换性镁 (mg/kg)	有效锰 (mg/kg)	有效铜 (mg/kg)	有效铁 (mg/kg)	有效锌 (mg/kg)	pH值
样本数	51	51	148	207	207	207	659
最小值	13.50	18.40	4.50	0.06	0.80	0.16	4.0
最大值	1051.90	221.30	36.80	35.50	49.00	8.00	8.5
众数	—	—	9.60	0.80	12.90	0.60	5.9
平均值	455.79	126.76	23.79	1.75	17.52	0.93	—
方差	215.42	47.06	7.66	3.90	9.15	0.88	—
变异系数	0.47	0.37	0.32	2.23	0.52	0.94	—
偏度	0.39	0.04	−0.44	7.09	0.79	4.59	0.79
峰度	−0.06	−0.61	−0.59	55.77	0.03	28.29	0.52
评价	中	中	高	较高	高	较低	酸性

三级耕地土壤有机质及氮、磷、钾、锰、铜、铁等元素的平均含量都处在高或较高水平，但变化幅度较大，变异系数都在 24%以上，特别是有效铜含量的变异系数高达 223%；交换性钙、镁和有效锌含量处在中等或较低水平，其平均数的代表性也很差，变异系数达到 47%、37%和 94%，说明农田联产承包到户后，经营管理水平迥异，导致土壤养分差异悬殊。有机质、速效氮、速效钾、

钙、镁、铜、铁和锌的偏度值为正，表示数据呈正偏态分布，平均值以大数据相对分散；有效锰的偏度值为负，表示数据呈负偏态分布，平均值以小数据相对分散。峰度值则是有机质、速效氮、速效钾、铜、铁和锌的为正，表示数据呈高窄峰状态分布，铜的数据尤为突出；而全氮、有效磷、缓效钾、钙、镁和锰的为负，表示它们数据呈低阔峰状态分布。土壤 pH 值众数为 5.9，呈酸性。

（三）存在问题

三级地是平原向山区过渡的等级类型，各种属性介于二者之间，部分耕地灌溉条件受一定限制；耕地大平小不平，地块微有倾斜；耕地养分存在不平衡现象。

（四）合理利用

合理利用措施为：一是大力搞好农田基本建设，维护和建设水利设施，大力推广节水灌溉，提高灌溉保证率；二是平田整地，深翻改土，加深耕层厚度，改善土壤物理性状；三是增施微肥；四是采取有力措施防止部分耕地的盐碱化。

四、四级耕地

（一）面积与分布

四级耕地面积 11790.73hm²，占全市总耕地面积的 16.02%。其中粮田面积8363.48hm²，占四级地面积的 70.9%；蔬菜地面积 356.75hm²，占四级地面积的 3%；蔬菜地中露天菜地 178.38hm²，占四级地面积的 1.5%；日光温室 71.35hm²，占四级地面积的 0.6%；蔬菜大棚 107.02hm²，占四级地面积的 0.9%（表 6-14）。主要分布在郭城镇、朱吴镇、小纪镇、辛安镇、行村镇、徐家店镇、二十里店镇和发城镇，其中以郭城镇分布面积最大，为 2242.65hm²，占该镇耕地面积的 33.68%。盘石店镇、大闫家镇、凤城办事处、方圆办事处和东村办事处等有少量或零星分布。

表 6-14 各利用类型四级耕地面积及比例

利用类型	面积（hm²）	占总耕地面积比例（%）	占四级地面积比例（%）
粮田	8363.48	11.4	70.9
油料（花生）	2592.28	3.5	22.0
露天菜地	178.38	0.2	1.5
日光温室	71.35	0.1	0.6
塑料大棚	107.02	0.1	0.9
其他	478.22	—	4.1
合计	11790.73	15.4	100

（二）主要属性分析

四级耕地综合评价指数为 0.510～0.574。土壤类型以粗骨土、潮壤土、棕壤、潮土为主。土壤表层质地主要是轻壤、砂壤和中壤，有少量盐化土。土体构型以轻壤均质、轻壤砂心、中层、薄层和中壤黏心为主，有少量轻壤黏心和砂均质，耕层中含有砾石、石渣子和夹砂等明显障碍性层次。微地貌类型以河滩地、岭地和岭坡梯田为主。地形坡度为 0.5°～15°。少部分地区灌溉保证率能达到 50%。土壤养分含量见表 6-15 和表 6-16。

表 6-15　　四级耕地土壤有机质及大量元素含量水平

项目	有机质(g/kg)	全氮(g/kg)	速效氮(mg/kg)	有效磷(mg/kg)	缓效钾(mg/kg)	速效钾(mg/kg)
样本数	447	76	394	447	51	447
最小值	2.0	0.33	11	1.5	127	5
最大值	21.0	1.57	220	72.6	1005	243
众数	10.0	0.50	63	14.6	—	84
平均值	12.0	0.66	71	31.7	527	89
方差	2.9	0.22	28	15.5	210	25
变异系数	0.24	0.34	0.40	0.49	0.40	0.28
偏度	0.31	1.81	1.19	0.39	0.14	0.59
峰度	0.30	4.17	3.63	−0.39	−0.57	3.37
评价	较高	中	较高	高	—	较高

表 6-16　　四级耕地土壤中微量元素含量水平及酸碱度

项目	交换性钙(mg/kg)	交换性镁(mg/kg)	有效锰(mg/kg)	有效铜(mg/kg)	有效铁(mg/kg)	有效锌(mg/kg)	pH值
样本数	51	51	76	112	112	112	444
最小值	83.80	4.90	3.50	0.03	0.70	0.11	4.4
最大值	817.70	225.00	33.20	11.70	52.60	8.20	8.2
众数	—	—	21.80	0.60	11.00	0.80	5.2
平均值	426.28	118.66	19.22	1.52	15.93	0.92	—
方差	197.32	47.63	7.38	2.10	9.83	1.01	—
变异系数	0.46	0.40	0.38	1.38	0.62	1.09	—

续表

项目	交换性钙(mg/kg)	交换性镁(mg/kg)	有效锰(mg/kg)	有效铜(mg/kg)	有效铁(mg/kg)	有效锌(mg/kg)	pH值
偏度	0.04	0.23	−0.21	2.94	0.64	4.59	0.79
峰度	−1.017	0.31	−0.84	8.67	0.30	26.78	0.21
评价	较低	中	高	较高	高	较低	酸性

四级耕地土壤有机质及氮、磷、钾、锰、铜、铁等元素的平均含量都处在高或较高水平，但变化幅度较大，变异系数都在24%以上，特别是有效铜含量的变异系数高达138%；交换性钙、镁和有效锌含量处在中等或较低水平，其平均数的代表性也很差，变异系数达到46%、40%和109%，说明农田联产承包到户后，经营管理水平迥异，导致土壤养分差异悬殊。有机质、氮、磷、钾、钙、镁、铜、铁和锌的偏度值为正，表示数据呈正偏态分布，平均值以大数据相对分散；唯有效锰的偏度值为负，表示数据呈负偏态分布，平均值以小数据相对分散。峰度值则是有机质、氮、钾、镁、铜、铁和锌的为正，表示数据呈高窄峰状态分布，锌的数据尤为突出；而有效磷、缓效钾、锰和交换性钙的为负，表示数据呈低阔峰状态分布。土壤pH值众数为5.2，呈酸性。

(三)存在问题

该级地耕层中存在明显的障碍性层次，砾石较多，阻碍作物的正常发育；地形坡度较大，不宜种植作物，容易引起水土流失等地质灾害；农田水利设施不完善，灌排条件较差；养分含量偏低，对作物生长不利。

(四)改良利用

改良利用措施为：修筑梯田，平整土地，增施有机肥，改善土壤环境；调整种植业结构，大力发展旱作农业，利用山区环境好、无污染的特点，引导鼓励农民发展果品生产；进一步兴修农田水利，提高雨水利用率；增施微肥，改善土壤养分状况；此外，在出现盐碱化的耕地上种植耐碱作物，改善土壤理化性质。利用方向：向生产专用优质商品粮油方向发展，生产绿色、无公害农产品。

五、五级耕地

(一)面积与分布

五级耕地面积16931.22hm²，占全市总耕地面积的23%。其中粮田面积11988.74hm²，占五级地面积的70.8%；蔬菜地面积86.48hm²，占五级地面积的0.5%，全部为露天菜地(表6-17)。主要分布在小纪镇、郭城镇、发城镇、朱吴镇、行村镇、二十里店与辛安镇，其中以小纪镇分布面积最大，为2953.46hm^2，占该镇耕地面积的33.39%。徐家店镇、盘石店镇、大闫家镇、东村办事处和方圆办事处等有少量或零星分布。

表 6-17　各利用类型五级耕地面积及比例

利用类型	面积(hm^2)	占总耕地面积比例(%)	占五级地面积比例(%)
粮田	11988.74	16.3	70.8
油料(花生)	3866	5.3	22.8
露天菜地	86.48	0.1	0.5
其他	990	—	5.8
合计	16931.22	21.7	100

(二)主要属性分析

五级耕地综合评价指数为0.442～0.510。土壤类型以粗骨土、潮壤土为主。土壤表层质地以砂壤、砂土和中壤为主，少量轻壤。土体构型以中层、薄层为主，有少量中壤均质和中壤黏心。耕层中含有砾石、石渣土等明显障碍性层次。微地貌类型以倾斜平地、河滩地、岭坡梯田和岭地为主，有少量盐荒地。地形坡度为3°～25°。大部分地区属于无灌溉区。土壤养分含量见表6-18和表6-19。

表 6-18　五级耕地土壤有机质及大量元素含量水平

项目	有机质(g/kg)	全氮(g/kg)	速效氮(mg/kg)	有效磷(mg/kg)	缓效钾(mg/kg)	速效钾(mg/kg)
样本数	569	110	528	569	50	569
最小值	3.0	0.29	11	2.0	139	12
最大值	23.0	1.14	193	72.5	834	194
众数	10.0	0.64	63	29.2	513	89
平均值	11.7	0.63	69	32.2	538	91
方差	3.9	0.19	28	16.1	199	27
变异系数	0.26	0.31	0.42	0.50	0.37	0.30
偏度	0.56	0.61	0.71	0.43	−0.44	0.12
峰度	0.37	−0.31	0.96	−0.47	−0.96	0.67
评价	较高	中	较高	高	—	较高

表 6-19 五级耕地土壤中微量元素含量水平及酸碱度

项目	交换性钙(mg/kg)	交换性镁(mg/kg)	有效锰(mg/kg)	有效铜(mg/kg)	有效铁(mg/kg)	有效锌(mg/kg)	pH值
样本数	50	50	122	183	183	183	562
最小值	80.60	6.80	5.60	0.01	0.80	0.02	3.9
最大值	845.00	208.80	34.10	23.50	40.30	9.13	8.5
众数	—	78.9	10.20	0.50	11.10	0.40	5.3
平均值	435.72	126.38	19.80	1.88	16.26	1.06	—
方差	206.74	43.83	7.36	3.22	9.31	1.31	—
变异系数	0.47	0.35	0.37	1.71	0.57	1.24	—
偏度	−0.01	−0.16	−0.06	3.97	0.62	4.37	0.67
峰度	−1.01	−0.19	−0.90	18.79	−0.54	22.16	0.27
评价	较低	中	高	高	高	较低	酸性

五级耕地土壤有机质及氮、磷、钾、锰、铜、铁等元素的平均含量都处在高或较高水平，但变化幅度较大，变异系数都在26%以上，特别是有效铜含量的变异系数高达171%；交换性钙、镁和有效锌含量处在中等或较低水平，其平均数的代表性也很差，变异系数达到47%、35%和124%，说明农田联产承包到户后，经营管理水平迥异，导致土壤养分差异悬殊。有机质、氮、磷、钾、铜、铁和锌的偏度值为正，表示数据呈正偏态分布，平均值以大数据相对分散；缓效钾、钙、镁和锰的偏度值为负，表示数据呈负偏态分布，平均值以小数据相对分散。峰度值则是有机质、速效氮、速效钾、铜和锌的为正，表示数据呈高窄峰状态分布，铜的数据尤为突出；而全氮、有效磷、缓效钾、交换性钙镁、有效铁和锰的为负，表示数据呈低阔峰状态分布。土壤 pH 值众数为 5.3，呈酸性。

(三)存在问题

这部分耕地，近年来一直是海阳市中低产田改造的重点。该级地主要分布在山丘地区的荒山岭和坡麓梯田上，耕层中存在障碍性层次，地形坡度较大，不宜大面积开发整理成耕地，应根据实际情况发展林果业，种植葡萄、苹果、板栗、枣子等果品。同时加大荒山治理力度，综合整治山水林田路。

(四)改良利用

利用方向是整修梯田，营造水土保持林，提高综合控制水土的能力；因土制宜调整农业种植结构，发展耐旱、耐碱、耐土壤贫瘠作物；发展经济林，实行多种经营，增加收入。

六、六级耕地

（一）面积与分布

六级耕地面积 16027.53hm²，占全市总耕地面积的 20.8%。其中粮田面积11000.12hm²，占六级地面积的 68.6%；花生地面积 4270hm²，占六级地面积的 26.6%；蔬菜地面积 36.68hm²，占六级地面积的 0.2%，全部为露天菜地（表 6-20）。主要分布在朱吴镇、小纪镇、盘石店镇、发城镇、二十里店、徐家店镇、方圆办事处、行村镇、郭城镇和辛安镇。

表 6-20 各利用类型六级耕地面积及比例

利用类型	面积（hm²）	占总耕地面积比例（%）	占六级地面积比例（%）
粮田	11000.12	14.9	68.6
油料（花生）	4270	5.8	26.6
露天菜地	36.68	0.0	0.2
其他	720.73	—	4.5
合计	16027.53	20.8	100

（二）主要属性分析

六级耕地综合评价指数小于 0.442。土壤类型全部为粗骨土。土壤表层质地以砂壤、砂土为主，少量中壤。土体构型为薄层或中层。耕层中含有砾石或石渣土明显障碍性层次。微地貌类型以岭地、岭坡梯田和荒岭坡为主，有少量微斜平地。地形坡度大于 3°。灌溉保证水平低，有大量的无灌溉区。土壤养分含量见表 6-21 和表 6-22。

表 6-21 六级耕地土壤有机质及大量元素含量水平

项目	有机质（g/kg）	全氮（g/kg）	速效氮（mg/kg）	有效磷（mg/kg）	缓效钾（mg/kg）	速效钾（mg/kg）
样本数	475	84	423	474	27	475
最小值	2.0	0.21	4	1.9	235	11
最大值	23.0	1.14	196	72.5	1107	176
众数	9.0	0.63	77	29.2	—	87
平均值	12.2	0.58	67	32.4	586	90
方差	3.4	0.17	28	14.9	194	24

续表

项目	有机质(g/kg)	全氮(g/kg)	速效氮(mg/kg)	有效磷(mg/kg)	缓效钾(mg/kg)	速效钾(mg/kg)
变异系数	0.28	0.29	0.42	0.46	0.33	0.27
偏度	0.56	0.94	0.56	0.47	0.28	0.05
峰度	0.34	1.37	0.80	−0.14	0.51	1.18
评价	较高	中	较高	高	—	较高

表 6-22 六级耕地土壤中微量元素含量水平及酸碱度

项目	交换性钙(mg/kg)	交换性镁(mg/kg)	有效锰(mg/kg)	有效铜(mg/kg)	有效铁(mg/kg)	有效锌(mg/kg)	pH值
样本数	27	27	104	129	128	129	472
最小值	52.70	47.20	2.60	0.01	0.70	0.05	4.4
最大值	835.60	218.70	34.70	42.30	51.00	7.69	5.2
众数	—	91.00	21.70	0.70	21.40	0.40	5.6
平均值	389.83	123.52	19.55	3.09	19.62	1.06	—
方差	190.51	44.38	6.99	5.30	11.25	1.09	—
变异系数	0.49	0.36	0.36	1.72	0.57	1.03	—
偏度	0.09	0.43	−0.31	4.17	0.31	4.00	0.89
峰度	−0.28	−0.20	−0.42	23.92	−0.30	19.24	0.61
评价	低	中	高	高	高	低	酸性

六级耕地土壤有机质及氮、磷、钾、锰、铜、铁等元素的平均含量都处在高或较高水平，但变化幅度较大，变异系数都在27%以上，特别是有效铜含量的变异系数高达172%；交换性钙、镁和有效锌含量处在中等或较低水平，其平均数的代表性也很差，变异系数达到49%、36%和103%，说明农田联产承包到户后，经营管理水平迥异，导致土壤养分差异悬殊。有机质、氮、磷、钾、钙、镁、铜、铁和锌的偏度值为正，表示数据呈正偏态分布，平均值以大数据相对分散；唯有效锰的偏度值为负，表示数据呈负偏态分布，平均值以小数据相对分散。峰度值则是有机质、氮、钾、铜和锌的为正，表示数据呈高窄峰状态分布，铜的数据尤为突出；而有效磷、铁、锰和交换性钙镁的为负，表示数据呈低阔峰状态分布。土壤pH值众数为5.6，呈酸性。

(三)存在问题

六级地土壤物理条件较差,大部分存在粗骨土、石渣土等障碍性层次,较大的地形坡度使得灌溉水平较低,大部分只能靠天吃饭,不宜种植大田作物。改良利用上应重点因地制宜地充分利用山沟自然条件,修筑塘坝,大力开辟水源,克服干旱威胁。

(四)改良利用

利用方向是调整种植业结构,适当发展经济林、用材林,实行多种经营,同时起到改善土壤环境条件、防止水土流失、保护自然植被的作用。

第七章　耕地土壤属性分析

第一节　土壤物理性状分析

土壤的物理性状是重要的肥力因素，它调节着土壤中水、肥、气、热等状况。物理性状包括土壤质地、土体厚度、土体构型、土壤容重和孔隙度等。

一、土壤质地

通常将土壤颗粒按粒径大小分为石块、石砾、砂粒、粉砂粒和黏粒。其中砂粒又细分为粗砂粒、中砂粒和细砂粒，粉砂粒又细分为粗粉砂粒、中粉砂粒和细粉砂粒，黏粒又细分为粗黏粒、细黏粒和胶粒。土壤中粗细土粒的配合比例即为土壤质地。土壤质地分为砂土、壤土和黏土三大类。砂粒含量高的土壤叫砂土，黏粒含量高的土壤叫黏土，当砂粒、粉砂粒和黏粒在土壤中的比例相等时，叫壤土。土壤质地还被进一步细分为松砂土、紧砂土、砂壤土、轻壤土、中壤土、重壤土、轻黏土、中黏土和重黏土九个小类。根据实际情况，海阳耕地土壤质地被划分为以下九种。

粗砂土：土壤中的砂、砾近似球形，磨圆度好，没有棱角，颗粒大小比较均匀。主要分布在花岗岩、伟晶花岗岩、片麻岩、砂岩、砾岩的山岭中上部，如东村街道的栓马顶、凤城街道的玉黄顶、朱吴镇的翁窑头南山和里店镇的刘家西山等地。

石皮土：砾石部分为片状颗粒，粒径和厚度参差不齐，主要分布在页岩区的岭地上，如小纪苗家沟、上虎龙、下虎龙和五虎岭一带。

石渣土：砾石无一定形状，棱角明显，硬度不等，广泛分布在全市各镇的不同岩石的山丘梯田和岭地上。如东村街道的地北头、五间屋、石剑、大丛家、阎家庄一带，留格镇的日照庄、埠落、周家一带，发城镇的龙庄沟，项家、涝泊一带。

以上三种质地类型，砾石含量高，砂性大，极易漏水漏肥，通气孔隙大，有机质分解快，不利于养分积累，所以土壤养分含量低，表层以下是硬石底或酥石底，既不抗旱，也不抗涝。在农业利用上多种植地瓜、花生，产量极低而不稳。

壤质土：主要分布在山丘岭地中上部，其成土母质多是砂、页岩类型。土壤质地较粗砂土、石皮土、石渣土略细，但该类质地含砂和砾石仍然较多，通气孔隙度较大，易漏肥漏水。有机质分解较快，不利于养分积累，养分含量低，不抗旱，不耐涝。该类质地耕地面积 19500hm^2，占总耕地面积的26.47%。在农业利用上多种植地瓜、花生，产量低而不稳。

松砂土：分布在阎家、风城和留格，西起潮里、庄上，东至风城、大辛家及大埠圈的近海地带。

紧砂土：分布在辛安镇的古庄头堤坝外和海头一带。

以上两种质地类型是均砂质，少砾石，粒径比较均匀。水肥极易渗漏，养分含量很低。耕地面积 500hm^2，占总耕地面积的 0.64%。农业利用多种植地瓜、花生，产量极低，适宜发展林业，建设防风林带。

砂壤土：主要分布在较大河流中下游，如留格日照庄至盘石咀子前一带，大夫疃至上下碾头，东村石剑至风城沿河两岸，阎家的河北、沽头、荆家，辛安的赵家、疃西一带，发城河两岸，从姜格庄至下屋庄、埠后至七寨一带的沿河泊地。该质地砂粒比例大，保水、保肥性能差，养分含量低。耕地面积 6100hm^2，占总耕地面积的 8.29%，农业利用以地瓜、花生为主，水浇条件较好的种植小麦、玉米，一年两作，产量较低。

轻壤土：主要分布在较大河流下游的平泊地上。如留格的窑家庄、王家泊、河崖、八甲，小纪的前沙至行村，徐家店的北水头至北泊子，辛安的黄家庄、瓦罐、大店、黄塘、辛庄一带。

中壤土：主要分布在山涧平地上，如行村杨家庄、牟格庄、赵疃、鹏化庄，里店姜格庄的北泊，东村的瓦埠庄等。这种土质地性能好，黏砂粒比例较为适中，耕性良好，适耕期长，保肥保水性能好，耐旱抗涝；水、肥、气、热状况比较协调，土壤肥力高。耕地面积 1600hm^2，占总耕地面积的 2.24%，是海阳的高产土壤质地，适应性广，增产潜力大。

海阳市的土壤表层质地较差，在机械分析的 268 个土样中，多砾质和多砾石的占25.7%，少砾质的占 14.2%，轻壤土仅占 36.48%。全市土壤因质地粗，砾石含量高，结构松，通气孔隙大，透气性强，保水、保肥性能差，生产性能低。

二、土壤容重

土壤容重是指单位体积的干土重量(包括土壤孔隙)。适宜的土壤容重是1.1～1.35g/cm^3。在自然状态下,它是土壤质地、结构和松紧状况的综合反应。

根据268个测定样品的统计分析,海阳耕地土壤表层容重在1.25～1.41g/cm^{3}的范围内,平均为1.36g/cm^3。但由于土壤质地类型不同,容重差异较大。如中壤土1.2～1.52g/cm^3,平均1.36g/cm^3;石渣土1.25～1.50g/cm^3,平均为1.37g/cm^3;砂壤土1.22～1.59g/cm^3,平均为1.39 g/cm^3,其中适宜的占37%。这部分土壤分布于各镇山丘中下部山涧平地和距河床较远的泊地上。由于砂黏比例适宜,通气孔隙适中,结构较好,供肥性较好,养分含量较高,适种性广,产量也较高。容重偏大的(1.35g/cm^{3}以上)占测定样品数的63%,广泛分布在全市各镇山丘、岭地的中上部和接近河床的砂性泊地上。由于含砂量较高,质地粗,通气孔隙度大,土壤结构性差,保水保肥能力低,在一般情况下,生产性能差,产量较低,对作物选择性较强,一般只能种植地瓜、花生等耐旱作物。

从分析资料看,海阳土壤砾质含量高,土壤容重大,一般不利于创高产。但如果注意增施有机肥,改进土壤结构和理化形状,培肥地力也能创高产。如发城镇忠厚村20世纪80年代初在砂性较大的河潮土上,经过连续几年增施有机肥,利用秸秆还田培肥地力,土壤理化性状变好,花生创出了7500kg/hm^{2}以上的高产。

三、土壤孔隙度

土壤中存在着大小不同的土粒与结构体,在土粒与土粒、结构体与结构体之间形成大小不同的空间,称为土壤孔隙。土壤孔隙与土壤肥力有极其密切关系,它决定土壤的水分、空气状况,影响热量的交换,也是土壤的主要属性。土壤孔隙在单位体积土壤中所占的百分比,称为土壤孔隙度。在农业生产上孔隙度能够反映土壤的松紧状况和气体交换的程度。疏松土壤孔隙度比较高,有利于根系伸展和作物生长。

土壤孔隙状况分总孔隙、毛管孔隙、通气孔隙等。土壤各种孔隙占土壤总体积的百分率称为土壤总孔隙度。土壤孔隙随土壤结构、质地和腐殖质的不同而异。如砂土30%～40%、壤土40%～50%、黏土50%～60%为宜,其土壤中各种孔隙的配合比率,与土壤保水、供水、透水、通气等性能关系密切。一般认为,土壤总孔隙度略大于50%,通气孔隙度在10%以上,无效孔隙度低,其余为毛管孔隙,这是较为理想的指标。海阳市表层土壤总孔隙度范围为46.8%～52.8%，其中大于50%的占37.9%，小于50%的占62.1%。孔径超过0.1mm称为大孔隙或非毛管孔隙，又称通气孔隙。较为适宜的通气孔隙度范围10.5%～15%。由于土质不同，差异较大。海阳土壤表层通气孔隙度在5.5%～10%的占测定样品数的26.83%，分布于各镇山丘下部及山间平地的棕壤与潮棕壤。表层土壤通气孔隙在10.5%～15%，占测定样品数的32.72%，分布在各镇排水条件良好的山间平地和泊地壤质土层。表层土壤通气孔隙度15%～27.8%的占测定样品数的34.55%，分布在各镇山丘岭地的中上部及砂质泊地。

土壤孔隙度与土壤质地和结构有关，土壤结构则与有机质含量有关。中壤土是较好的质地，但由于有机质含量低，结构差，土壤孔隙度低，总孔隙度43%～45.3%，通气孔隙度7.9%～12.7%。轻壤土总孔隙度41%～57.4%，通气孔隙度5.5%～28.8%。石渣土总孔隙度38.5%～41.7%，通气孔隙度10%～26.4%，粗砂土总孔隙度43%～48.3%，通气孔隙度15.4%～27.7%。所以，海阳市的土壤特别是轻壤、中壤质地，应千方百计地增加土壤有机质。

四、土体构型

土体构型是指整个土体中各种土壤质地层次的排列组合状况。土体构型直接影响土壤诸肥力因素的发挥程度，良好的土体构型能够协调水、肥、气、热之间的矛盾，提高土壤的抗逆性。

海阳由于地形复杂，土体构型类型较多，通过对各土类、土种的归纳，全市的土体构型基本形态分为石底、夹砂、夹粘、夹砾石、夹铁板砂、均砂质、均壤质和均砂壤八种类型。

石底，多属极薄和薄层土体，土体下是岩石，由于岩性的不同，分硬石底和酥石底两种。硬石底不易加厚土层，不透水、不抗旱、不耐涝，生产性能极差。酥石底岩石呈半风化状态，可以通过深翻深刨加深土层，酥石本身亦有蓄水保肥能力，所以酥石底土壤比硬石底土壤较抗旱耐涝，生产性能亦较好。全市石底耕地面积40000hm^2，占总耕地面积的54.89%，广泛分布于各镇山丘岭地中上部，土层浅薄，保肥保水能力差，易旱易涝，产量低而不稳。多种植地瓜、花生，或退耕还林。其中硬石底耕地22000hm^2，占总耕地面积的29.73%，酥石底耕地19000hm^2，占总耕地面积的25.16%

夹砂型土壤，群众称“旱龙道”。其特点是在土体内20～100cm处有大于10cm以上的砂层。全市有夹沙层耕地1800hm^2，占总耕地面积的2.53%。在夹沙层的土体内部形成侧渗流水，造成水土流失，土壤肥力降低，同时影响作物根系的下扎和地下水的上移，砂层部位出现高的，下雨或灌溉后，土壤干得快，旱情发生重，特别是对小麦的影响最大，减产幅度一般在30%～70%。全市夹砂层分浅位和中位两种情况，其中，浅位薄层的耕地104hm^2，中位薄层的耕地79hm^2，浅位厚层夹砂的耕地636hm^2，中位厚层夹砂的耕地面积1399hm^2。其分布主要是沿河两岸，如盘石的崖下、龙头、南河崖，发城的长宇、河南等地和滨海缓平地一带。

夹黏层型，是在土体内20～100cm处有大于10cm的黏土层。此类构型的土壤渗透性差，易涝涝，土性发冷，但保肥能力强。由于粘层出现部位和黏层厚度不一，对土壤肥力和生产性能的影响不同。如在中位(60～100cm)出现夹黏层，土体呈上轻下重、上虚下实状，有"蒙金"的特点。如能精心培肥与管理，亦能创高产。如果夹黏层在土体内20～60cm出现，不利于作物根系下扎，土性发冷，肥力低，易涝涝，产量低而不稳，如果在砂层内有一薄层夹黏，对土壤肥力则有好的影响。全市中位厚层夹黏的耕地5300hm^2，浅位厚层夹黏的耕地8700hm^2，分别占耕地总面积的7.2%和11%。夹黏型土壤主要分布在山根缓平地和山前倾斜平地上。如朱吴镇的河北、北长仙一带和郭城镇的港里一带是深轻壤/厚黏心，此类型土壤生产性能较差。发城村北、下屋庄一带和行村镇杜格庄北大道西侧一带，是深轻壤/厚黏腰，此类土壤虽有夹黏层，但出现部位较深，对土壤生产性能影响较小，生产性能良好。

夹砾石型，耕地面积1100hm^2，占总耕地面积的1.56%，特点是在30～100cm的土体内有大于10cm厚或小于10cm薄的砾石层，水肥易渗漏，不抗旱，不保肥，产量低而不稳。砾石层出现部位和厚度虽有不同，对土壤肥力和生产性能的影响较夹粘层较大。其中浅位砾石层耕地647hm^2，此类土壤夹层不仅影响土壤的通透性和易旱、易涝，而且根系不易下扎，所以其抗旱能力和生产性能更差，如黄塘山西坡和村南一带。中位砾石层耕地面积721.5hm^2，如里店的刘家、马格庄和朱吴镇的下碾头至宝玉石至沿河两岸。

夹铁板砂型，是在60～100cm的土体内夹有大于10cm厚或小于10cm薄的铁板砂层。通透性差，易旱易涝，生产性能极差。全市耕地59.6hm^2。

均砂型，耕地4800hm^2，占总耕地面积的6.62%，遍及全市各镇的山间泊地。此类构型在100cm的土体内，土壤质地为砂质。肥水极易渗漏，保肥水能力极差，肥力极低，极不抗干旱，产量低而不稳，主要分布在沿河两岸的中下游。

均砂壤型，耕地面积4800hm^2，占总耕地面积的6.62%，其主要分布在各镇沿河中下游两岸的缓平地上。一般位于均砂质和均壤质过度地带。构型特点为，在 100cm 土体内，土壤质地均为砂壤土，属于肥水渗漏型，保肥性能较差，养分含量偏低，不抗旱，生产性能一般，产量较低。

均壤质型，耕地 13000hm^2，占总耕地面积的 17.10%，广泛分布于全市各丘陵下部及山间倾斜平地上。如行村的鹏化庄、蔗村，小纪的大小刁家，留格的窑家庄、王家泊，大辛家的霞河头一带，其特点是在 100cm 土体内土壤质地均为轻壤或中壤。砂黏比例适宜，保肥蓄水能力好，易耕易种，耐旱抗涝，生产性能好，适种性广，产量高。

五、土体厚度

土壤是个复杂的多孔体，是供给作物生长发育所需要的水、肥、气、热的仓库和源泉，土体越厚，储量越大，协调能力越好，抗旱涝的能力越强。因而，土体厚度直接影响土地资源的利用和农业生产的发展，海阳市土体厚度有极薄层、薄层、中层、厚层和深层五种类型。

六、土壤酸碱度

土壤的酸碱度是指土壤溶液中氢离子（H^+）的浓度。根据索仑生（Sörensen）的建议，溶液中 H^+ 浓度用其负对数，即 pH（power of Hydrogen）值来表示。鉴于标准状态下纯水的离子积$[H^+][OH^-]=10^{-14}$，即$[H^+]=[OH^-]=10^{-7}$mol/L，用负对数表示就是 $pH=-\lg[H^+]=-\lg10^{-7}=7$。所以 pH 取值以 7 为界，大于 7，意味着 H^+ 浓度低 OH^- 浓度高，溶液呈碱性；小于 7，H^+ 浓度高 OH^- 浓度低，溶液呈酸性；等于 7，H^+ 和 OH^- 浓度相等，溶液呈中性。

土壤酸碱度是影响土壤肥力的重要因素，土壤中各种矿质营养只有在适当的 pH 值时才能被植物吸收利用，来满足植物营养生长与生殖生长的需要。植物的生长环境也需要适合的酸碱度，过酸或过碱的土壤环境都不适合植物的正常生长。

为了掌握土壤的酸碱程度，通常将土壤分为强酸性、酸性、微酸性、中性、微碱性、碱性和强碱性，其对应的 pH 值分别是：4.5 以下、4.6～5.5、5.6～6.5、6.6～7.5、7.6～8.5、8.5以上。海阳市土壤的酸碱情况见表 7-1。

表 7-1　　海阳市土壤 pH 值分级表

等级标准	≤4.5	4.6～5.5	5.6～6.5	6.6～7.5	7.6～8.5	≥8.5
等级面积(hm^2)	883.2	11614.1	56730.9	43424.4	29.44	0
占总面积比例(%)	1.2	15.78	77.08	5.9	0.04	0

由表 7-1 可知，pH 值小于 4.5 的强酸性土壤 883.2hm^2，占总面积的 1.2%；pH 值在4.6～5.5 和 5.6～6.5 的酸性和微酸性土壤分别占总面积 15.78%和 77.08%，合计94.06%，表明全市绝大部分土壤呈酸性。pH 值在 6.6～7.5 和 7.6～8.5 的中性和微碱性土壤合计占总面积 5.94%。

不同种植作物对土壤 pH 值的影响各不相同(表 7-2)，其中以果树的 pH 值较高，也相对合理，处于适宜果树生长的 pH 值范围之内，这说明近几年农民对果树的施肥结构及管理方式相对科学合理，从另一个侧面也反映出经济效益较高的作物，农民种植积极性也相应提高；种植小麦、玉米和花生的地块土壤 pH 值相差不大，表明大田作物土壤的 pH 值下降严重，虽然仍处于小麦、玉米和花生的适合生长 pH 值范围之内，但已到了威胁其正常生长的边缘地带(小麦、玉米适宜生长的 pH 值为 5.5～7.0，花生适宜生长的 pH 值为5.5～7.5)，土壤酸化严重，必须加以改良。在各种作物中，蔬菜地块的 pH 值为最低是 5.72，一是由于蔬菜的生长时间较短，而为获得较高产量，连续投入大量肥料；二是蔬菜在同一地块连续种植，根系分泌物有机酸呈酸性，重茬使土壤酸度加重，从而使土壤 pH 值严重降低。

表 7-2　　海阳市不同作物和不同地区土壤的 pH 值

类型	不同作物					不同地区		
作物	小麦	玉米	花生	果树	蔬菜	北部	东部	西部
pH 值	5.83	5.82	5.88	6.0	5.72	6.11	5.44	5.82

海阳市下辖 14 个镇、街道办事处，北部包括徐家店镇、郭城镇、发城镇和朱吴镇；西部包括小纪镇、行村镇、辛安镇、二十里店镇和大阎家镇；东部包括盘石镇、留格庄镇、凤城街道办事处、方圆街道办事处和东村街道办事处。从分区来看，海阳市北部土壤 pH 值最高，为 6.11；西部次之，pH 值为 5.82；东部土壤 pH 值最低，为 5.44。海阳市北部几个乡镇主要种植苹果、樱桃和板栗等经济林果，土壤的 pH 值总体较高，东部几个乡镇为城区，特别是三个街道办事处，城市酸雨效应造成土壤酸度要较其他几个乡镇低些。

七、土壤有机质

土壤有机质是指土壤中死亡的处于不同分解阶段的各种动植物残体。土壤有机质含量与土壤肥力水平密切相关，对土壤性状、作物生长和化肥的施用影响很大。因此，土壤有机质的多少是土壤肥力高低的一个重要指标。土壤有机质的作用：①植物养分的重要来源。土壤有机质分解以后可为植物提供各种养分，特别是氮素，有95%以上氮素是以有机状态存在于土壤中的。因为土壤矿物质一般不含氮素，除施入的氮肥外，土壤氮素的主要来源就是有机质分解后提供的。土壤有机质分解所产生的二氧化碳，可以供给绿色植物进行光合作用的需要。此外，有机质也是土壤中磷、硫、钙、镁以及微量元素的重要来源。所以有机质多的土壤，养分含量也就多，化肥可以适当少施。②促进作物的生长发育。有机质中的胡敏酸，可以增强植物呼吸，提高细胞膜的渗透性，增强对营养物质的吸收，同时有机质中的维生素和一些激素能促进植物的生长发育。③改善土壤物理性质。土壤有机质的黏性远远小于黏粒的黏性，只是黏粒的几分之一。一方面，它能降低黏性土壤的黏性，减少耕作阻力，提高耕作质量；另一方面它可以提高砂土的团聚性，改善其过分松散的状态。土壤有机胶体是形成水稳性团粒结构不可缺少的胶结物质，所以有助于黏性土形成良好的结构，从而改变了土壤孔隙状况和水、气比例。此外，由于有机质色暗，有利于吸热，可以提高地温。④提高土壤的保蓄性和缓冲性。土壤有机质属于有机胶体，具有强大的吸附能力，能吸附大量的养分和水分。其阳离子交换量和吸水率比黏粒要大几倍甚至几十倍，所以它能提高土壤保肥蓄水的能力，同时也能提高土壤对酸碱的缓冲性。⑤促进土壤微生物的活动。土壤有机质供应土壤微生物所需的能量和养分，有利于微生物的活动。⑥可消除或缓解农药残留和重金属给土壤造成的污染。

将海阳市土壤中有机质含量按照含量多少划分为以下几个等级：8g/kg以下、8～10g/kg、10～12g/kg、12～15g/kg、15～20g/kg、20g/kg以上，在海阳市土壤调查取样的地块中有机质含量大于20g/kg的没有，因此，共分四个等级。其中有机质含量极低的土壤占总面积的1.11%，有机质含量较高的土壤占总数的4.9%，海阳市有机质含量较高和极低的地块只占总数很小的一部分，大部分土壤有机质含量在10～20g/kg属于中等肥力水平。海阳市土壤有机质分级表见表7-3。

表 7-3 海阳市土壤有机质分级表

等级标准(g/kg)	≤8	8～10	10～12	12～15	15～20	>20
等级面积(hm^2)	817.0	6160.3	29366.4	34466.9	3606.4	0
占总面积比例(%)	1.11	8.37	39.9	46.83	4.9	0

不同种植模式下土壤中有机质含量差异较小，种植玉米地块土壤中有机质含量最高为 13.6g/kg，但与土壤中有机质含量最低的小麦地相比，有机质含量仅仅高 0.1 个百分点，差别不显著。常规应种植果树地块的土壤有机质含量应高于大田作物，种植蔬菜的地块土壤中有机质含量也应高于大田作物，但在海阳市的土壤调查中没有出现。现在农民使用土杂肥和有机肥数量相对较少，而使用有机肥的效果较慢，不能很快见到效益，再就是土杂肥体积大，运输不方便和味道难闻等原因，造成使用量和使用面积小，从而造成整个海阳市土壤中有机质含量处于偏低的水平。海阳市不同作物和不同地区土壤有机质见表 7-4。

表 7-4 海阳市不同作物和不同地区土壤有机质

类型	不同作物					不同地区		
作物	小麦	玉米	花生	果树	蔬菜	北部	东部	西部
有机质(g/kg)	11.5	12.5	12.1	11.8	12.3	12.8	13.4	11.8

海阳市三个分土壤有机质含量东部最低，为 11.8g/kg；北部次之，为12.8 g/kg；西部最高，为 13.4g/kg。东部地区主要为市区，因此有机质含量偏低些。总体看来，有机质含量，为 10～20g/kg，属于中等偏低水平。

第二节 土壤化学性状分析

一、土壤碱解氮状况

海阳市土壤中碱解氮含量划分为以下几个等级：30 ～ 45mg/kg、45～60mg/kg、60～75mg/kg、75 ～ 90mg/kg、90 ～ 120mg/kg、120 ～ 150 mg/kg、150mg/kg 以上。全市土壤中碱解氮含量平均值为 76.5mg/kg，总体处于氮素缺乏状态，见表 7-5。

表 7-5 海阳市土壤碱解氮分级表

等级标准(mg/kg)	30～45	45～60	60～75	75～90	90～120	120～150	>150
等级面积(hm^2)	1177.6	16008	33105.3	18657	4313	338.6	0
占总面积比例(%)	1.6	21.75	44.98	25.35	5.86	0.46	0

在以后施肥过程中应当适当增加氮肥用量,保证土壤中有足够的养分满足作物生长。在所有土壤样品中,有 23.35% 的土样碱解氮含量小于 60mg/kg,处于严重缺氮状态;土壤样品碱解氮含量处于 60～90mg/kg 之间的占总数的 70.33%,处于氮素缺乏状态;土样含氮量高于 90mg/kg 的只有 6.32%。土壤养分含量在各个等级的分布情况与平均值反映的情况基本相同,整体上看,海阳市土壤普遍缺氮。

海阳市不同种植模式下,土壤中碱解氮含量都处于 60～90mg/kg 的范围之内,属于氮素缺乏范围。在各种植模式中,小麦田土壤碱解氮含量为最低,达到 65.5mg/kg,蔬菜田土壤碱解氮含量最高,为 84mg/kg,花生田土壤碱解氮含量为 81.67mg/kg,果树田土壤碱解氮含量为 75.11mg/kg,玉米田土壤碱解氮含量为 82.4mg/kg。海阳市不同作物和不同地区土壤碱解氮含量见表 7-6。

表 7-6 海阳市不同作物和不同地区土壤碱解氮含量(mg/kg)

类型	不同作物					不同地区		
作物	小麦	玉米	花生	果树	蔬菜	北部	东部	西部
碱解氮	65.5	82.4	81.67	75.11	84	67.86	69.57	75.51

海阳市三个分区中以西部土壤中碱解氮含量最高,为 75.51mg/kg,比北部和东部的 67.86mg/kg 和 69.57mg/kg 分别高出 10.13%和 7.87%,表明西部地区氮肥的施用量较高。

二、土壤有效磷状况

海阳市耕地土壤中速效磷含量划分为以下几个等级:10～15mg/kg、15～20mg/kg、20～30mg/kg、30～50mg/kg、50～80mg/kg、80mg/kg 以上。见表 7-7。

表 7-7　　海阳市土壤有效磷分级表

等级标准(mg/kg)	10～15	15～20	20～30	30～50	50～80	>80
等级面积(hm^2)	287.0	1714.9	21785.6	49061.8	743.4	0
占总面积比例(%)	0.39	2.33	29.6	66.66	1.01	0

全市耕地土壤有效磷含量平均值为35.3mg/kg,属于含磷较丰富地区。在调查的7128个土壤样品中,处于磷素缺乏状态的有0.39%,2.33%土壤处于低磷含量水平,处于20～30mg/kg中等含磷水平的土壤占29.6%,其余为丰富含磷水平。总体上看,全市土壤中有效磷含量相对丰富,个别地区有效磷含量较低。在以后的施肥过程中可适当减少磷肥施用量或降低养分总量中磷素含量。

不同种植模式下土壤中有效磷含量差异较大,总体看不同模式下土壤中有效磷含量处于或接近丰富水平,各种作物在生长过程中土壤磷素能够满足当季生长的需要,磷素不会成为其限制因素。果树和蔬菜地块中土壤有效磷含量达到35.65mg/kg和38mg/kg,高于全市土壤有效磷的平均含量,处于相当丰富的水平,这和近几年来农民为追求高产量盲目的高投入磷肥密切相关,由于磷肥的当季利用率较低,施入土壤中的磷肥,除一小部分被作物吸收外,大部分的磷素都被土壤所固定,既造成投入产出比的降低,又造成资源的浪费和环境的污染。小麦地块中土壤有效磷含量为31.02mg/kg,接近全市土壤中有效磷平均含量。玉米和花生地中有效磷含量较全市土壤中有效磷平均含量30.7mg/kg要低一些,由于玉米和花生在生长过程中所吸收利用的磷素要较小麦少些,因此,虽然玉米和花生地块中有效磷含量要低些,但不会造成缺素。

海阳市北部、东部和西部土壤中有效磷含量与全市平均值相比,基本相同,表明全市土壤中有效磷水平在各个地区变异很小,土壤中磷素含量丰富。海阳市不同作物和不同地区土壤有效磷含量见表7-8。

表 7-8　海阳市不同作物和不同地区土壤有效磷含量(mg/kg)

类型	不同作物					不同地区		
作物	小麦	玉米	花生	果树	蔬菜	北部	东部	西部
有效磷	31.02	28.54	25.57	35.65	38	35.26	36.01	34.25

三、土壤速效钾状况

海阳市耕地土壤中速效钾含量划分为以下几个等级:50mg/kg以下、

50～75mg/kg、75 ～ 100mg/kg、100 ～ 120mg/kg、120 ～ 150mmg/kg、150mmg/kg以上。见表 7-9。

表 7-9　海阳市速效钾分级表

等级标准(mg/kg)	≤50	50～75	75～100	100～120	120～150	>150
等级面积(hm^2)	242.9	7580.8	49606.4	15492.8	1170.2	0
占总面积比例(%)	0.33	10.3	66.74	21.05	1.59	0

全市耕地土壤中速效钾含量平均值为 91.5mg/kg,处于缺乏水平。其中速效钾含量小于 50mg/kg 的面积 242.9hm^2,占总面积的 0.33%,属于严重缺钾水平。77.04%的土壤样品速效钾含量为 50～100mg/kg,属于钾素缺乏水平。只有 22.64% 的土壤速效钾含量为中等水平,速效钾含量在 100～150mg/kg之间。

各种种植模式下土壤中速效钾含量与全市土壤中速效钾含量相比,果树和蔬菜地中速效钾含量略高于全市平均值,而小麦、玉米和花生地中速效钾含量略低于全市平均值。小麦、玉米和花生作为大面积种植的粮食和油料作物,其产生的经济效益相对果树和蔬菜要低,因此,农民对其增施肥料价格较高的钾肥积极性要低,从而土壤中速效钾含量要低些,反之,果树和蔬菜地中速效钾要稍高。

海阳市北部、东部和西部土壤中速效钾含量与全市平均值相比,基本相同,表明全市土壤中速效钾水平在各个地区变异很小,土壤中钾素含量缺乏。海阳市不同作物和不同地区速效钾含量见表 7-10。

表 7-10　海阳市不同作物和不同地区土壤速效钾含量(mg/kg)

类型	不同作物					不同地区		
作物	小麦	玉米	花生	果树	蔬菜	北部	东部	西部
速效钾	85.89	89	85.06	104.3	106.7	95.44	89.57	91.81

第三节　土壤中微量营养元素状况

微量元素是指自然界中广泛存在的含量很低的化学元素。在土壤和植物中最多不超过 0.01%的元素称为微量元素。已证明植物必需的微量元素有铁、锰、铜、锌、钼、硼和氯。由于微量元素在植物体内多为酶或辅酶的组成成分和活化剂,他们的作用有很强的专一性,一旦缺乏,植物便不能正常生长,有时成为作物产量和品质的限制因子,虽然需要量不多,但在植物的生命活动和代谢过程中有氮、磷、钾同样重要的作用。

全市土壤中有效铁含量平均值为 10.66mg/kg,土壤中有效锰含量平均值为10.138mg/kg,土壤中有效锌含量平均值为 1.43mg/kg。土壤有效铁含量在4.5～10.0mg/kg的土样,占总数的 26.76%;有效铁含量在 10.0～20.0mg/kg,占总数的61.67%,为适宜作物生长的范围,占全部土样的 88.43%,表明海阳市绝大部分土壤中有效铁能够适合作物生长,不需要额外的施加铁肥。土壤中有效锰含量在 5.0～15.0mg/kg 的土样,占全部土样的 24.7%,有效锰含量在15.0～30.0mg/kg 的土样,占全部土样的 59.7%,有效锰含量在 30.0～45.0mg/kg 的土样,占全部土样的 14.7%,大于 45mg/kg 的土样没有。土壤有效锌含量0.20～1.0mg/kg 占 55.41%,有效锌含量在 1.0～1.8mg/kg占17.65%,此范围为作物缺锌的临界值,低于此属缺锌范围,可见海阳市超过一半土壤存在缺锌情况。

第三篇　耕地资源可持续利用对策与建议

第八章　耕地资源合理利用与改良

第一节　耕地资源的现状与特征

一、土壤类型多，资源丰富

海阳市地形复杂，微地貌单元和土壤类型多，土壤资源丰富，有利于发展多种经营。如山丘陵的中上部棕壤性土和褐土性土，适宜发展林牧业生产；山丘岭地中部棕壤和褐土适宜发展粮油、果业生产；山丘下部及山涧泊地的潮棕壤、潮褐土及河流两岸的褐潮土，适宜发展粮食生产；沿海滩涂、滨海滩地盐土和滨海潮土，适宜开发滩涂养殖业和盐业，沿海适宜营造乔、灌木相间的防风林带。

二、物理条件

（一）高产、稳产田土壤的物理条件

农作物的正常生长发育，虽受综合自然因素的影响，但是根据 24 个高产田剖面的土体观察，认为高产、稳产田土壤本身应具备以下条件：

1. 土体深，活土层厚，质地好。高产田的土体厚度应在 100cm 以上，活土层在 30cm 以上，质地轻壤或中壤。

2. 土体构型好，无不良层次。土体构型应为均壤质或深位夹黏，即 100cm

土体内无不良层次。

3. 土壤养分含量丰富，比例协调。土壤养分是作物高产的物质基础，对于高产、稳产田来说，100cm 的土体内，养分含量均应丰富，比例协调，以保证作物全生育期对各种营养元素的需要，但以表层的养分丰缺状况影响较大。通过普查资料分析，高产、稳产田表层土壤有机质 0.85％以上，碱解氮：小麦、玉米地在 65mg/kg 以上，花生、地瓜地在45mg/kg以上；速效磷均在 11mg/kg 以上；速效钾均在 50mg/kg 以上。其土壤中$N : P_2O_5 : K_2O$之比：小麦、玉米地应为 2.5∶1∶1.4；地瓜、花生地应为 1.8∶1∶2.4。

4. 土壤孔隙度适宜，土壤孔隙度直接影响土壤肥力因素的发挥程度。孔隙度适宜有利于根系的伸展和作物生长，因肥力因素之间的矛盾性小，能最大限度地发挥诸土壤肥力因素的作用。因此，高产、稳产田的土壤孔隙度，一般以 50％～55％为宜，在土壤水分和空气协调的土体内，毛管孔隙和通气孔隙各占总孔隙的 50％左右。

5. 土壤容重适宜。容重是土壤质地、结构、孔隙度、松紧度和有机质含量的综合反映，过大、过小均不利。高产、稳产田土壤容重，一般以 1.1～1.3g/cm^3的范围为宜。见表 8-1。

表 8-1　　高产稳产田土壤物理条件

作物	点数	平均单产 (kg/hm^2)	土体厚度 (cm)	活土层 (cm)	总孔隙度(％)	通气孔隙度(％)	容重 (g/cm^3)	水浇条件
小麦	36	5700	142.0	29.0	52.8	18.1	1.25	良好
玉米	29	9300	145.0	27.9	53.1	18.3	1.24	良好
花生	34	7650	123.0	28.0	52.0	21.0	1.27	良好
地瓜	21	7500	84	30.0	51.8	21.3	1.28	一般

（二）高产、稳产田土壤的分布

海阳市产量在 7500kg/hm^2 以上，比较稳定的土壤有以下三种类型：

1. 山前倾斜平地潮棕壤。这部分地地下水源丰富，适种作物广，既发小苗，又有后劲，耐肥水，肥效长，抗旱、耐涝、耐蚀、耐毒和抗病等，抗御自然灾害的能力强。土体厚度都在 100cm 以上，土壤母质为洪积冲积物，质地多为轻壤和中壤，构型均质，结构为粒状，养分含量高，地面较平整，有水浇条件。

2. 沿河下游河潮土。这部分地主要分布在南部沿海较大河流的下游，如留格河下游的霞河头、南庄、三甲、八甲；东村河下游的嵩潜；白沙河下游的泊子、鹏化庄、东村庄、寨头等；另有北部山区小面积的分布。土体厚度在 100cm

以上，质地多属轻壤或沙壤，构型均质，土壤结构粒状，地面比较平整，有水浇条件，适种性好，宜耕期长，抗旱耐涝，蓄水保肥力稍差。

3. 无障碍层次的典型棕壤。这部分地主要分布在低山丘陵的基部或山间小平地，多属洪积冲积物，质地多为轻壤或中壤，粒状结构，保肥蓄水能力较好，养分含量较高，抗旱耐涝，发苗性较差。土体内无障碍层次，地面较平整或经人工深翻整平后，土体厚度 100cm 以上，有一定的水浇条件。

三、土壤的障碍因素

(一)干旱面积大

全市保浇面积仅有 9862.4hm^2，占总耕地面积的 13.4%，多数耕地靠自然降水。海阳虽然常年降水在 787.8mm 左右，但分布极不均匀。1～3 月降水仅占全年总降水量的 5.3%；4～6 月降水占 20%；7～9 月占 67.5%；10～12 月占 7.2%。夏季雨水过于集中，易引起土壤和表层积水形成涝害。春秋两季往往影响适期播种和全苗。海阳农田多为山丘岭地，土层浅薄，砂性大，砾石含量高，质地粗，蓄水能力差，受干旱的威胁严重。

(二)土壤养分含量低

海阳市土壤养分含量总的趋势是低而缺，海阳市土壤主要养分状况总体较差，非改良耕地面积 1015.68hm^2，占耕地总面积的 1.38%。其中缺乏有机质的耕地面积为1155.5hm^2，占耕地总面积的 1.57%；缺乏钾素的耕地面积为 3952.3hm^2，占耕地总面积的 5.37%；缺乏微量元素硼的耕地面积为 8854.1hm^2，占耕地总面积的 12.03%。缺乏单一养分的耕地面积为 13962hm^2，占耕地总面积的 18.97%；同时缺乏两种养分的耕地面积为 31736.3hm^2，占耕地总面积的 43.12%；同时缺乏三种养分的耕地面积为 23684.55hm^2，占耕地总面积的 32.18%；同时缺乏四种养分的耕地面积为 3201.6hm^2，占耕地总面积的 4.35%。全区磷素含量较高，不需培肥改良。可以看出，海阳市总体土壤养分偏低，除单一养分有机质、速效钾、有效硼比较缺乏外，同时缺乏两种及两种以上的土地面积也较大，同时需要培肥改良的耕地分布也比较广泛，所以，海阳的土壤养分含量低而缺。

(三)土壤侵蚀严重

山丘岭地，由于自然植被的破坏，部分地堰倒塌失修，土壤长期处于严重侵蚀状态，致使土层逐年变薄，养分含量降低。

(四)土体薄，障碍层次面积大

全市土体小于 60cm 的耕地面积 40000hm^2，占总耕地面积的 54.89%。

在100cm土体内，夹有各种障碍层的耕地15000hm^2，占总耕地面积的21.38％。以上两项耕地面积合计55000hm^2，占总耕地面积的76.26％。

(五)活土层浅

全市土壤耕作层，一般为15～20cm，耕作层以下普遍存有10cm左右较坚实的犁底层，不仅降低了土壤的蓄水保肥能力，而且通透性差。因此，影响作物根系的伸展和养分吸收，严重降低作物的抗灾能力。

(六)质地粗、砂性大

全市粗砂土、石渣土、松砂土、紧砂土、砂壤土和壤质土合计耕地45000hm^2，占总耕地面积的61.28％。其特点是漏水、漏肥，生产性能差。质地较好的轻壤土和中壤土的耕地面积28000hm^2，占总耕地面积的38.72％。

第二节 耕地土壤改良培肥措施

土壤是农业生产的基础，肥力是生产率的基础。改良和培肥土壤，建设高产、稳产田，是发展农业生产的基本建设。土壤的改良与培肥应做到三个结合，即农林牧结合、工程措施与生物措施结合、改良利用与培肥地力结合。按照我国走有机农业的道路，培肥土壤要因地制宜，搞好间、套、轮作，发展畜牧业，广积农家肥，秸秆还田，不断增加土壤有机质含量，促进土壤养分积累。讲究科学施肥，调节养分比例。现对耕地土壤的改良培肥提出如下措施：

一、大力发展畜牧业、广开肥源，增加土壤有机质

发展畜牧业是积造农家肥的基础。土壤有机质含量的高低，是衡量土壤肥力的重要指标。一般来说，有机质含量高，其他养分含量也高。它不但具备作物需要的各种营养元素，而且是土壤微生物营养和能源的供给者，经分解缩合形成的腐殖质，是团粒结构的胶结剂。有机质丰富的土壤，团粒结构数量多，质量好，吸收容量大，物理性状好，水、肥、气、热状况容易得到协调。因而能够稳、匀、适的供给作物所需的各种养分，这是化学肥料不能代替的，是高产、稳产的基础。增加土壤有机质的主要措施：

广积农家肥。农家肥来源广、成本低。在积肥、造肥过程中要做到既能保存好养分、防止肥分流失，也要避免黄土搬家、提高肥料质量。在此基础上，把一切可做肥料的都积造起来，集体注意安排泥场，保证农民搞好常年积肥。提高农家肥质量的方法是：应推广用干细土下栏，实行灰、粪、尿分积，提高保肥能力。

充分利用作物秸秆大办沼气,促进秸秆还田。秸秆还田是增加土壤有机质,培肥土壤,提高作物产量的有效措施之一。目前,随着经济体制的改革,生产力得到了一定的发展,粮油的经济产量和生物产量都有较大幅度的增长,农村群众生活燃料得到一定的缓解,有条件的应进行秸秆还田。积极发展沼气,利用作物秸秆等原料投放沼气池发酵,以沼气解决能源,沼气水肥回田,增加土壤有机质。荒山和薪炭林面积较大,群众生活充足的村庄,亦通过发展沼气,节省燃料,以更多的作物秸秆还田,进一步增加土壤有机质,培肥地力。

发展林业,绿化荒山、保持水土,涵养水源。发展林业生产既可绿化荒山,保持水土,改善气候保持生态平衡、提高抗御自然灾害的能力,又可解决建筑用料、燃料和饲料,为发展饲养业多积肥、秸秆还田提供原料。因此,要将所有宜林地搞好规划,认真落实林业政策,加速发展林业生产的步伐,不宜造林的沟、渠、路可种草栽条,以调节生态平衡、更好地防风固沙、保持水土和增加经济效益。

发展绿肥和牧草,绿肥植物品种繁多,耐瘠耐碱,适应性广,既能利用土壤养分,又能固定空气中的氮素为自身营养,增加了干物质的含量。绿肥施在土壤中增加了有机质,可以改良土壤结构,熟化土壤,协调土壤养分,促进当季增加产量。因此,可以因地制宜的采用间、套或利用沟、渠、路边、荒、坡和盐碱地等,种植田菁、怪麻、毛叶苕子、草木樨和苜蓿等绿肥作物及牧草,以增加土壤有机质,改良土壤结构,培肥土壤。

二、增施氮、钾肥,合理施用磷肥,调节营养比例

氮、磷、钾是作物生长发育所需要的主要元素,三者比例协调,才能充分发挥其增产作用。按高产土壤要求养分含量:有机质大于 15g/kg,全氮 1g/kg 左右,碱解氮 80mg/kg,速效磷大于 15mg/kg。而海阳土壤养分含量:有机质 7.5g/kg,全氮 0.51g/kg,碱解氮50mg/kg,速效磷 6.9mg/kg,速效钾 54mg/kg,分别比高产土壤低 50%、49%、37.5%、54%和86%。这说明海阳土壤养分有机质和氮素含量低,钾素较低,磷素充分。

海阳全市土壤含氮量普遍低,特别是水土流失较严重,土壤表层质地粗,通气性大,养分分解快,积累少,容易脱肥,这是海阳土壤含氮普遍低的主要原因之一。因此必须坚持继续重视施用氮素肥料。在肥料施用上,应掌握“二个为主、三个结合、四肥配合”的原则。即要以有机肥和底肥为主,上下结合,土肥、化肥结合,迟效与速效结合,有机肥、氮肥、磷肥和钾肥配合施用。

在施用方法上变浅施为适当深施，对漏肥的地块改一次施用为少量多次，地面撒施为沟施或穴施，做到科学施肥，经济用肥，提高肥效。

三、深耕深翻，保持水土

深耕深翻可以改善土壤的物理性质，培肥土壤，目前全市耕地活土层较浅，犁底层明显，质地不适宜，结构不良，有 46000hm^2 耕地土体夹砂、浅位夹黏、夹砾石、夹黏层及石底，影响肥力因素的协调和根系的发育。因此，要因地制宜地进行改良。

（一）加深耕层，熟化土壤

加深耕层，破除犁底层，增加土壤的“阵容”，促进养分转化，协调水、肥、气、热状况，熟化土壤，提高土壤肥力。现在全市耕地活土层一般在 20cm 左右，犁底层 5～10cm，肥水蓄量少，根系发育受到抑制。随着机械化水平的提高，要进一步发展粮食生产，全市耕地应逐步加深耕作层，使其逐步达到 30cm 左右，以改善土体的物理性状，增加抗御自然灾害的能力。

（二）深翻破除障碍层

全市有浅位夹砂、浅位夹黏、夹砾石、极薄层和中层酥石底等各种障碍层次 46000hm^2，占耕地面积的 63.3%。因此，应做好规划逐年深翻整平，破除障碍层次加深活土层，结合增施有机肥培肥土壤。2008 年以来，海阳市结合粮油高产创建活动，在示范区内推广深耕技术，平均单产比对照增产 46.8kg，增产效果明显。

（三）搞好水土保持

海阳的可利用的土地，均有不同程度的侵蚀，特别是山丘岭地，由于毁林开荒，自然植被遭受破坏，部分地堰倒塌失修，土壤长期处于中度以上的沟蚀。因此，对于山丘岭地要搞好规划，综合治理：一是搞好农田的蓄水保土。海阳市低山丘岭区，山岭梯田占全市耕地总面积的 76.6%，多数地面不平，堰埂低矮，堰下沟浅而平，排水系统不完善，特别是土堰梯田，地面径流、水土流失尤为严重。对土壤发育和农业生产的发展影响较大，应挖好堰下沟，加高外堰埂，修好排水沟，田内横坡种植，修好竹节沟，把山岭梯田建成“外撅咀、里流水、簸箕舌头邋遢咀”能蓄能排的高标准梯田。二是对荒山荒坡进行封山育林。

（四）因地制宜、客土改良

因地制宜、客土改良土壤表层质地，培肥土壤，提高土壤的抗灾能力，增加产量。因此，对于土体小于 60cm，基岩是硬石底的山丘岭地和均砂河滩地、难以深翻改造的耕地，应采取客土以黏压砂加厚土层，改良土性，提高土壤肥力。

四、因土种植、合理用地、用养结合

合理用地、用养结合是根据土壤特性和生产特点，维持与提高土壤肥力，以发挥土壤的增产潜力。栽培上，大力推广粮油间作、立体种植等模式，在提高土地利用率的基础上，合理用地。

五、排除涝害，提高土壤的通透性

海阳市的涝害有三种情况：一是山丘岭地薄、中层硬石底和浅位夹粘的农田，大雨季节雨水不能下渗，地表积水；二是地势低洼的潮棕壤，汛期地下水位提高，表土内积水；三是滨海洼地，地下水位高，地表积水。全市有潜在涝害面积为 24500hm^2，占耕地面积的33.3%，在多雨年份和季节，对作物的影响较大。据调查，花生受涝减产 31%～78.2%，地瓜减产 42.3%～78.8%。因此，必须搞好规划，山岭梯田要深挖堰下沟至硬石底或黏层处，再加深 20～30cm，以截引侧水，排出地外。对地势低洼的潮棕壤和滨海洼地要修挖条田，排除积水，降低地下水位，以提高土壤通透性，改善土壤物理性状，协调土壤的肥力因素。

六、挖掘地下水源，经济用水，扩大水浇面积

海阳自然降水不均，四季差异明显，年际之间变化大，全市现有大小水库 109 座，大口井和机电井 2000 眼以上，丰水年有效灌溉面积 32200hm^2，但由于年际之间，降雨差别大，在降雨量少的年份，大中型水库蓄水不足，小型塘坝枯竭，水浇面积大减，农业生产受到严重的威胁，加之排灌设施不配套，地面多数不平，水源渗漏系数高，利用率低，不能充分发挥现有水利资源的作用。据水利部门调查，地下水储量为 $2.6\times10^8m^3$，其中开发利用的尚欠不足。因此，还需在平原旧河谷道和地壳断层裂隙处增打机井，修筑平塘，挖大口井；山丘地区搞好拦蓄工程，充分发挥全市的自然优势。由于土壤表层质地粗，蓄水力差，渗漏现象严重，水源利用系数低，所以应在搞好水利配套的基础上，进一步整平地面，实行短畦灌溉，减少水土流失，节约用水，扩大灌溉面积，减少旱灾威胁和提高肥、水的经济效益。

第三节 耕地资源合理利用的对策

要对耕地资源合理利用，须结合土壤类型、地力水平、水利条件和种植情况进行分区，实行因土种植。根据自然条件、土壤属性、生产性能和障碍因素，分析有利条件和影响当前生产发展的主要问题及今后发展的方向，采用二级分区制，一级为区，二级为片。一级区主要依据土壤类型、属性、利用特点及主要生产问题进行分区。二级区(片)依据障碍因素及其危害程度、改良措施等进行分片，在地理分布上不求连续性。根据海阳全市情况，共划分为三个区、六个片。

一、低山丘陵水土保持区

该区以招虎山系为主体(包括盘石、朱吴、东村、里店镇的北部、小纪镇东北部)及林寺山、晶山、肚子顶山、南榆山、北榆山、高顶山(徐家店至发城)、玉皇山、徽村北的镜山、窝铺顶山、大辛家的菩萨顶、烟墩、南台顶山及盘石的大寨山、朵朵石山、丛麻院蚕场的崮顶山及其他孤山。全区耕地 25900hm^2，占总耕地面积的 35.21%。本区根据地形地貌及土壤状况又分为两个片。

(一)封山育林水土保持片

该片主要是在海拔 300m 左右的低山群区和坡度较大、海拔较高的孤山中上部，其地势陡峭，坡度大，水土流失严重。主要土壤类型是极薄层和薄层棕壤性土、褐土性土，土层浅薄、质地粗，不耐干旱。全片耕地 19700hm^2，占总耕地面积的 26.83%。该片耕地多悬挂山腰，地势陡峭，耕作困难，且只能种植地瓜、花生，产量低而不稳。从经济效益和平衡生态关系看，该片内的农田不如退耕还林、还牧。从地形土壤特点看，其改良利用途径应在搞好山区规划的基础上，实行封山育林综合治理。一是植树种草护坡，涵养水源；二是修复陡峭的山腰梯田地堰和有计划的修挖鱼鳞坑，减少水土流失；三是严禁开荒破堰种植。对该片的山根、沟河两岸的部分土地，采取综合治理措施培肥地力，尽快地搞好封山育林，提高地面覆被度和土壤涵养水源的能力，保持生态平衡，促进生态的良性循环。

(二)林果农作治理片

从地形高度分，该片是在该大区低山群的基部及延伸出的低缓丘陵和孤山的中下部，但地势较高。如朱吴的北石现、吴家沟、上、下尹家、东石现、黑崮、沟杨家一带；栾家疃、杨格庄、周家沟和双山后一带；方园、东村办事处的牟家、羊角沟、倪家、薛家庄和里店镇的埠峰、修家夼、上庄、花园和窦疃一带及招虎山群下部。土壤类型主要是：薄层棕壤性土、褐土性土及部分中层土体的棕壤和褐土。全片耕地 6200hm^2，占总耕地面积的 8.38%。该区地势较高，多为梯田，高差较大，水土流失严重，土质粗，保肥保水能力差，耐涝而不抗旱，主要种植地瓜、花生，产量低而不稳。其利用途径应根据地形部位的高低、土壤条件、水利设施及水土保持等情况，认真搞好综合性的改良利用规划。如坡度较大、土层浅薄的土区，以种树为主，营造速生林、用材林或薪炭林，使乔、灌木与杂草上下立体共存，平面相间混生。以提高地面覆被度，涵养水源；土体较厚的褐土性土、棕壤性土和薄层棕壤地片，以发展果园为主，实行地内果、地堰草的间作种植。位居山根和地势较平的薄层棕壤或褐土上，应以粮油为主，积极发展粮油生产。使该片内成为山上绿葱葱、坡上果实累累、平地粮油并茂镶嵌种植的林果粮油混作区。其改良措施：

1. 复修加高地堰，加深堰下沟，挖好排水沟，地内竹节沟，防止水土流失，使土壤土体逐步加厚，质地逐步变细，提高土壤的保肥能力。

2. 增施有机肥，增加土壤有机质，改良土壤结构状况，提高土壤的理化性状，培肥地力，提高土壤的生产性能。

3. 有计划地进行深耕深翻，加深活土层，整平地面，提高土壤的蓄水能力，减少地面径流量，提高土壤的抗旱能力。

二、丘泊地农作培肥区

该区除朱吴、盘石镇的少部分山涧泊地和河滩地外，广泛分布于全市其他镇的平泊地和缓丘的岭坡上。其土壤类型是典型棕壤、潮棕壤、褐土、潮褐土和河潮土亚类。土壤土体厚度一般大于 60cm，表层质地较细，地势比较平缓。河潮土、潮棕壤、潮河土和部分棕壤有一定水浇条件，是全市粮油主要产区。全区耕地为 46000hm^2，占总耕地面积的 62.54%。根据该区地形、土壤类型、土壤质量和水利设施条件的差异又分为两个片。

(一)粮油轮作培肥片

从地貌上看，该片主要是缓丘陵地，土壤类型主要是典型棕壤、褐土和部分土体较厚的棕壤性土与褐性土，其分布在徐家店的嵩夼、大候家，郭城的迎驾山至康家河、于家长沙一带；朱吴的湖河头、下涝泊；小纪镇的夹格庄、安夼、纪家店到庙山、老古山一带；里店镇的靠山、王家泊，辛安镇的北茂梓一带；东村的棉花顶周围等。全片耕地 8600hm^2，占总耕地面积的 11.76%。

该片地形特点为：缓丘相连，地面小而不平，耕地利用过度，水土流失严重，土层较薄，土质较差，土壤肥力低，无水浇条件，不抗旱。利用方式主要是粮油轮作（间有零星林木）。

针对在生产上的障碍因素，其改良措施应突出抓好以下五条：

1. 广辟肥源，实行秸秆还田，增施有机肥，增加土壤有机质，改良土壤理化性状，提高地力。该片的土壤有机质含量平均为 7.6g/kg，按国家标准和有利于培养地力的要求是属缺和极缺范围。所以该片的土壤结构和物理化学性状都很差。要改变这一状况，关键之一是增施有机肥，增加土壤有机质含量。

2. 科学施用化肥，以无机换有机，培肥地力。化学肥料货源足，省工收效快，增产效果明显，随着生物产量的增加，除作物的根叶残体遗留在土壤的数量增加外，大力利用秸秆还田，以增加土壤有机质、培肥土壤地力。该片土壤氮、磷、钾养分含量都属缺和极缺范围。但因成土母质来源和施肥水平有关，此片土壤速效钾含量略高。目前，应按产量水平以增施氮、磷肥为主，在土质较好的棕壤地片上应配合增施钾肥。

3. 深翻改土，加厚活土层。该片的土壤土体较薄，活土层浅，特别是有夹黏、夹砾石层的土壤，对土壤抗灾和生产性能影响较大。该片应抓住深翻改土这一条，搞好规划，有计划地进行深翻改土，整平地面，提高土壤的蓄水抗灾能力和土壤的生产性能。

4. 整修梯田，搞好三沟配套。该片的耕地主要是梯田，由于地堰低矮，地面不平，径流量大，水土流失严重，绝大部分农田土体厚度有越来越薄的趋势。解决这一问题的关键措施是整修梯田，加高外堰埂，加深堰下沟，修好排水沟，横坡种植，挖好地内竹节沟，逐步建成高标准梯田，以防止水土流失。

5. 积极开发水源，引水上山，扩大灌溉面积。该片干旱缺水是影响生产发展的主要障碍因素之一。应在抓好综合改良措施的基础上，积极开发水源，引水上山，扩大灌溉面积。这样既能排除旱灾威胁，又能以水调肥，获得更高产量，其增产潜力是很大的。

该片今后的利用方向：以粮油为主，扩大花生与其他作物的轮作面积，做到用地、养地相结合。为增加经济效益，可有计划的适当发展部分桑田、果园面积。

（二）精种高产片

该片主要分布在东部的大辛家、梁家、霞河头、后望海、大榆村、城阳、嵩潜、凤城一带，西部的大闫家、辛安、行村、田村、廒子、东村庄、梨园、前沙、新庄头、寨头至北部的夏屋庄、坊坞、发城、湖西、多英、南北泊子、北水头、古现和葛家等一带。耕地为 37000hm^2，占总耕地面积的 50.78%。该片土壤类型为潮棕壤、潮褐土、均壤质河潮土和部分有水浇条件的典型棕壤。表层质地多为轻壤或中壤，是小麦、玉米或小麦、花生一年两作的精种高产片。

该区发展生产的有利条件是：地势平坦，土体较深厚，质地较适宜，有一定的水浇条件，产量较高而稳定。影响生产发展的障碍因素是：土壤养分含量低，保浇面积少，水利设施不配套，受旱涝灾害的威胁。河潮土有夹砂层，质地较粗，漏肥漏水，产量较低。

要进一步发展农业生产，其改良措施，应突出抓好以下四条：

1.增施有机肥，合理增施氮、磷、钾肥。该片土壤养分含量在缺和极缺范围，这是粮油产量低的主要原因之一。要进一步提高其粮油生产水平，必须重视有机肥，有计划地进行秸秆还田，使土壤内的腐殖质、微生物和土壤结构在数量和质量上都保持在一定水平上。土壤速效养分：海阳市北部好于南部，西部好于东部，东部和北部略高于西南部。所以氮、磷、钾速效肥的施用，应掌握普遍而科学的增施氮、磷、钾肥，增加土壤养分，为提高产量奠定基础。

2.挖掘地下水，搞好水利配套，扩大水浇面积，提高灌溉效益。水利是农业的命脉，特别是遇到天旱少雨，随旱情的加重，水浇地更显示其突出优势，一般比旱地增产 30%～70%，该片内的耕地面积为 36800hm^2，占耕地面积的 50%以上，而全市实有保浇面积不足 11000hm^2，占总耕地面积 15%左右，加上可浇地，水浇面积仅 22000hm^2，占总耕地面积的 30%左右。其塘坝水库的水是涝年足、旱年枯，保浇面积变化大，加之水利设施不配套，地面水渗漏严重，利用率低。要扩大水浇面积，做到旱涝保收，应进一步开发地下水，搞好水利配套，实行长畦短灌，以节约用水，充分发挥地下水的效益，并要防止大水漫灌，破坏土壤的理化性状和减少养分流失。

3.积极建设和扩大田园化的高产田。该片土壤在生产上的障碍因素，除养分含量低和受干旱威胁外，还因为地面不平和部分河潮土及典型棕壤土体内有夹砂和夹黏层。要提高产量，应有计划地进行深翻，破除夹层和整平地面。

4.认真搞好间套复种，充分利用光热资源。海阳无霜期年平均 191 天，初霜期在 10 月 18 日前后，终霜期在 4 月 14 日前后。麦后直播夏玉米和大花生，由于受无霜期短、光热资源和积温不足的限制，作物受害而影响产量。从 20 世纪 70 年代，全市推广“二、四”畦小麦套种玉米、花生以来，较好地解决了这个矛盾。随作物品种的更新换代和栽培技术的不断改进，还要认真总结研究粮油、粮菜等间作复种，充分利用光热资源，提高其经济产值。

三、滨海综合开发区

该区主要分布在沿海的近海滩地，因受海潮的影响，地下水位浅，含盐量平均为18.89mg/kg，由于上行水大于下行水，地表聚盐、盐斑明显，土壤母质来源主要是河流冲积或海相沉积，土壤类型有滨海盐化潮土、滨海潮盐土和滨海滩地盐土。全区耕地 1600hm^2，占总耕地面积的 2.25%。根据其土壤类型特点和利用方向，该区分两个片。

（一）滨海植树海浴开发片

该片西起鲁口、东至龙门石的沿海高潮线内侧，主要土类是滨海盐化潮土和滨海潮盐土，土壤含砂和含盐量较大。滨海盐化潮土因受盐害威胁，农业种植很难保全苗。沿近海浅水处纯系细砂，适宜开发旅游业。

该片的改良利用途径：

1. 修筑台田，开挖排水沟，降低地下水位，引水洗盐，降低土壤含盐量，提高土壤生产性能。

2. 种植耐盐植物，降低土壤含盐量，增加有机质，改良土壤理化性状，培肥地力，变荒地为农田。

3. 积极发展棉槐和营造黑松防风林，变荒滩为绿洲，为人类造福，增加收入。

（二）滩涂盐业养殖开发片

主要分布在行村、辛安和大闫家镇沿海一带，土壤类型为滩地盐土，总面积 4400hm^2，除部分开垦为盐田外，大部分是盐荒地和滩涂。因其含盐量高，不适宜发展农业，改良利用途径应抓好三条：

1. 积极发展盐业和加工业。

2. 大力开发滩涂养殖业和围海造田、植苇种稻等。

3. 在废盐田和盐荒地上构筑台、条田，沟内发展海水养殖，台、条田经过雨水淋洗，逐步种植耐盐作物和棉槐等，以吸收降低土壤含盐量和增加土壤有机质，逐步改变成农田。

专　题

一、海阳市花生地力现状调查及改良利用

姜常松

一、概况

海阳市地处胶东半岛中南部，属暖温带东亚季风气候区，年平均气温为11.5℃，年日照时数为2591.5小时，年平均降水量为694.5mm，光热资源丰富，雨热同季，具有明显的花生生产区位优势，是传统的花生主产区之一，1992年曾获全国油料生产百强县称号。20世纪80年代初选育的海花1号曾创小面积产量732.7kg/667m^{2}的纪录，是国内推广面积最大、范围最广、应用时间最长的品种之一。近几年来，随着种植业结构调整的推进，海阳市的花生生产有了长足发展，2004～2008年，全市花生年均种植面积19100hm^2，总产7.87万吨，在农业增效和农民增收中发挥了重要作用。但从其多方面的内在因素和栽培管理技术措施分析，仍有很大的增产潜力。可以预见，随着各级对花生生产的重视、新品种的更新、配方施肥体系的建立和栽培管理技术的改进等措施，必将促进花生单产的迅速提高和花生生产的健康、持续发展。

从全市花生田的土壤地力状况看，普遍存在土壤养分含量不高的情况。2006～2009年调查，全市种植花生地块养分氮较低(81.67mg/kg)、磷适宜(25.57mg/kg)、钾适宜偏低(85.06mg/kg)和有机质中等(12.1g/kg)。另外，海阳属低山丘陵区，旱薄地面积大，耕地中土层30cm以下的占28.9%，30～60cm的占12.8%。这部分土地土质粗糙，供肥能力差，耕作管理粗放，基

本依靠自然降水来维持生产，导致花生产量低而不稳。

针对海阳市花生土壤养分的现状，结合实际，在全市不同的土壤类型中进行取土化验，着重分析了各类养分含量的形成原因，并有针对性地进行改良利用，总结形成了不同土壤养分状况下花生的高产栽培技术规程。

二、调查方法

(一)布点和采样原则、技术支持

根据《测土配方施肥技术规程》以及海阳市的实际情况，本次调查中调查样点的布设采取如下原则：

1. 代表性原则。本次调查的特点是在第二次土壤普查的基础上(1983年)，摸清不同土壤类型、不同土地利用下，花生种植田的土壤肥力和养分变化及现状。因此，调查布点在全市14个镇、街道办事处同时进行。

2. 典型性原则。调查采样的典型性是正确分析判断耕地地力和土壤肥力变化的保证。特别是样品的采集，必须能够正确反映样点的土壤肥力变化和土地利用方式的变化。因此，采样点必须布设在利用方式相对稳定、没有特殊干扰的地块，避免各种非调查因素的影响。

3. 科学性原则。耕地地力的变化以及土壤污染的分布并不是无规律的，是土壤分布规律、污染扩散规律等的综合反映。因此，调查和采样布点上必须按照土壤分布规律布点，不打破土壤图斑的界限，根据污染源的不同，设置不同的调查样点。

4. 比较性原则。为了能够反映第二次土壤普查以来的耕地地力和土壤质量的变化，布点密度尽可能与第二次土壤普查时相吻合。

在上述原则的基础上，取样之前充分调查了海阳市花生种植的土壤分布状况，收集并认真研究了第二次土壤普查的结果以及相关的资料，根据各镇的花生种植分布，确定调查和采样点位置、数量，保证了本次调查和评价的高质量完成。

(二)花生田土样布点方法

根据全市花生种植面积、地形部位进行布点，原则上每33.33hm^2一个取样点，为既能科学反映目前花生田土壤分布规律，又能减少调查工作量，我们对第二次土壤普查的成果图进行了重新清理编绘。土壤图斑零碎的局部区域，对土壤图斑进行了整理归并，将土壤母质类型相同、质地相近、土体构型相似的，特别是耕层土壤性状一致、分属不同土种的同一土属的土壤土斑合并成为土属图斑。而对于不同土属包围的土种只要达到上图单元，仍然保留原图斑。土壤图斑适当合并后的土壤图，实际是一张土属和土种复合的新土壤图。

以新的土壤图为基本图件叠加带有基本农田区信息的土地利用现状图，以不同的土地利用现状界线分割土壤图斑，形成调查和评价单元图。

根据调查和评价单元(图斑)的面积，初步确定每一调查和评价单元(图斑)的采样点数量。

(三)采样方法

1. 采样时间。在春季4月份花生播种前采样。

2. 野外采样田块确定。根据不同的花生种植区，到村先向农民了解本村的农业生产情况，确定具有代表性的田块，田块面积要求在1333m^{2}以上，然后用GPS定位仪进行定位。

3. 调查、取样。向已确定采样田块的户主，按调查表格的内容逐项进行调查填写。在该田块中按0～30cm土层采样。采用方法根据具体地块采用"S"法、棋盘法其中任何一种方法，均匀随机采取15个采样点，充分混合后，四分法留取1kg。采样工具用木铲、竹铲、塑料铲、不锈钢土钻等。一袋土样填写两张标签，内外各具。标签主要内容为：样品野外编号(要与大田采样点基本情况调查表和农户调查表相一致)、采样深度、采样地点、采样时间和采样人等。

三、调查结果

(一)花生田土壤养分状况

化验结果表明：全市花生田土壤养分含氮较低、含磷适宜、含钾适宜偏低、有机质中等。其中北部花生种植区(发城、郭城、徐家店)氮最低、磷适宜，钾适宜、有机质适宜；中部地区(小纪、朱吴、盘石)氮低、磷适宜偏高、钾适宜偏低、有机质适宜；南部产区其他镇氮低、磷适适宜偏低、钾适宜偏低、有机质适中。

1. 氮元素。氮素可使花生增多分枝，开花多，结实良好。缺氮时，植株矮小，叶部失绿，根系生长慢。氮多时，降低根瘤菌的固氮能力，植株易徒长。适宜的花生田土壤速效氮养分含量应在90mg/kg以上。从化验结果看，全市土壤速效氮含量仅为81.67mg/kg，属氮缺乏区。

2. 磷元素。磷可促进花生根的发育，形成强大的根系，增强抗旱能力。土壤有效磷在适宜的含量内，可以增加根瘤的数量和密度，成倍提高固氮力。全市花生田土壤中有效磷含量平均值为25.57mg/kg，属于含磷较丰富地区。

在调查的土壤样品中，只有2.26%的土壤处于磷素缺乏状态，4.56%土壤处于低磷含量水平，处于10～30mg/kg中等含磷水平的土壤占39.20%，其余为丰富含磷水平。总体来说，全市花生田土壤中有效磷含量相当丰富，个别地区有效磷含量较低。在以后的施肥过程中可以适当减少磷肥施用量或降低养分总量中磷素含量。

3. 钾元素。钾的作用在于能使花生体内的多种酶活化而广泛影响着生长和代谢。缺钾时花生老叶片边缘变黄，继而叶脉失绿最后脱落，影响光合作用，钾多时，尤以结果层土壤中钾的浓度太高时，会抑制发育中荚果对钙的吸收，影响产量和品质。全市花生田土壤中有效钾含量为85.06mg/kg，属于钾缺乏地区。

4. 有机质。土壤有机质是泛指土壤中来源于生命的物质。动植物、微生物残体和施入的有机肥料是土壤有机质的主要来源。土壤有机质含量与土壤肥力水平密切相关，对土壤性状、作物生长和化肥的施用影响很大。因此，土壤有机质的多少是土壤肥力高低的一个重要指标。土壤有机质具有提供植物重要养分来源、促进作物的生长发育、改善土壤物理性质、提高土壤的保蓄性和缓冲性、促进土壤微生物的活动等作用。检测结果表明，全市花生田土壤有机质含量平均为12.1mg/kg，其中有机质含量低于6mg/kg的土壤样品占样品总数的11.1%，有机质含量在6～10mg/kg的土壤样品占样品总数的20.94%，有机质含量在10～20mg/kg的土壤样品占样品总数的76.58%，有机质含量在20～30mg/kg的土壤样品占样品总数的1.37%。说明，在海阳市花生田土壤中，有机质含量处于中等偏低水平。

5. 土壤酸碱度。土壤酸碱度是土壤形成过程中综合因子作用的结果，是影响土壤肥力的重要因素。土壤中各种矿质营养只有在适当的pH值时才能被作物吸收利用，以满足作物营养生长与生殖生长的需要。作物的生长也需要适当的酸碱度，过酸或过碱的土壤环境都不利于作物的正常生长。通过土壤样品统计分析，全市花生田土壤pH值为5.88，土壤偏酸性。表明花生田土壤的pH值下降严重，虽然仍处于适合生长的pH值范围之内，但已到了威胁其正常生长的边缘地带，土壤酸化已经严重到了不得不改良土壤的地步。

6. 土壤微量元素。微量元素是指自然界中广泛存在的含量很低的化学元素。在土壤和植物中最多不超过0.1mg/kg的元素称为微量元素。已证明植物必需的微量元素有铁、锰、铜、锌、钼、硼和氯。由于微量元素在植物体内多为酶或辅酶的组成成分和活化剂，它们的作用有很强的专一性，一旦缺乏，植物便不能生长，有时成为作物产量和品质的限制因子，虽然需要量不多，但在植物的生命活动和代谢过程中有与氮、磷、钾同样重要的作用。

从全市土壤化验结果看，有效铁含量平均为18.98mg/kg，有效锰含量平均为23.08mg/kg，有效锌含量平均值为0.77mg/kg。表明海阳市花生种植地块有效铁、锰能够适合作物生长，不需要额外施加铁肥。土壤有效锌含量0.20～1.0mg/kg的土样占总土样55.41%，有效锌含量在1.0～1.8mg/kg占17.65%，此范围为作物缺锌的临界值，低于此属缺锌范围，可见海阳市超过一半土壤存在缺锌情况。全市花生田土样养分化验结果见表1。

表1　全市花生田土样养分化验结果

化验结果 / 测土区域	土样个数(个)	速效氮(mg/kg)	有效磷(mg/kg)	速效钾(mg/kg)	有机质(g/kg)	pH值
全市平均	1688	81.67	25.57	85.06	12.1	5.88
北部产区	307	73.61	25.46	88.89	11.7	6.77
中部产区	541	82.85	28.30	86.04	11.8	5.29
南部产区	840	83.97	23.77	83.04	12.4	5.61

(二)花生田间肥效校正试验示范及结果分析

1. 肥效校正试验示范设计

根据理论推荐的不同产量水平施肥量，在全市不同的土壤类型中安排花生校正试验示范九处，为今后的土壤改良利用提供理论依据。每处均设四个处理(理论配方一、理论配方二、习惯用肥、生产推荐配方)，不设重复，小区面积100～200m^2。

2. 结果分析

(1)不同施肥处理对花生生物学性状的影响(表2)

表2　九处试验点不同施肥处理花生生物学性状汇总表

处　理	主茎高(cm)	侧枝长(cm)	单株果数(个)	出米率(%)
理论配方1	48.87	48.90	13.70	69.03
理论配方2	48.96	50.38	13.5	68.87
习惯(CK)	47.63	49.97	12.63	67.40
推荐配方	51.03	53.43	14.23	69.63

推荐配方花生主茎高51.0cm，高于理论配方和习惯施肥，侧枝长也有相同的趋势。说明，不同的配方能够影响花生的株高长势。

(2)不同施肥处理对花生产量构成因素及产量的影响(表3)

推荐施肥亩产达334.3kg,居第一位,理论配方亩产331.4kg,居第二位,两者较习惯施肥亩增产33kg和30.1kg,增幅为10.95%和10%,增产效果显著。从花生单株结果数看,推荐施肥在14.23个,比习惯施肥增1.6个,出米率提高2.23%。分析结果表明,不同施肥处理对花生的产量构成因素及产量影响极大,配方施肥具有良好的增产效果。

表3　　不同施肥处理花生产量结果分析表

处　理	小区产量(kg)	折产量($kg/667m^2$)	位次	增产(kg)	增产率(%)
理论配方1	99.4	331.4	2	30.1	10
理论配方2	98.3	327.73	3	26.43	8.77
习惯(CK)	90.4	301.3	4	—	—
推荐配方	100.2	334.3	1	33	10.95

(3)不同施肥处理对花生经济效益的影响(表4)

推荐配方施肥亩产量最高,产值也最高,在肥料投入相同的情况下,与习惯施肥相比,亩净收入1551.5元,增值165元,增幅度11.9%,差异极显著。理论配方施肥比习惯施肥增幅在10%左右,增产增收效果同样显著。

表4　　不同施肥处理花生经济效益分析表

处　理	产量($kg/667m^2$)	产值(元)	肥料投入(元)	净收入(元)	增值(元)	增减幅度(%)
理论配方1	331.4	1657	114	1543	156.5	11.3
理论配方2	327.73	1638.65	116	1522.65	136.15	9.82
习惯(CK)	301.3	1506.5	120	1386.5	—	—
推荐配方	334.3	1671.5	120	1551.5	165	11.9

(4)小结

不同施肥对花生生育时期无显著变化,配方施肥对花生产量构成因素影响显著,单株结果数和出米率都较习惯施肥增加。

推荐配方施肥能够明显增加花生单产,合理施肥具有明显的增产作用,增产率在10%以上。

配方施肥比习惯施肥每亩增收150元以上,增幅在11%以上。

(三)花生肥效"3414"试验及结果分析

1. 试验设计

从"3414"完全试验方案中选取六个处理(N0P0K0、N0P2K2、N2P0K2、N2P2K2、N2P2K0、习惯施肥),共安排9处,试验均设3次重复,小区面积为20～30m²,每小区种三垄六行花生,随机区组排列。全部氮、磷、钾肥于耕地后起垄前开沟施入花生种植行中间,然后起垄。

2. 结果分析

(1)不同施肥处理对花生生育时期的影响(表5)

调查结果表明,各试验点不同处理花生的各个生育进程无明显变化,不同试验点由于种植品种、播种时间不同,生育期有差别,因此,不同的施肥配比对花生的生育进程无显著影响。

表5　　各试验点花生生育期调查表

试验点	播种期	出苗期	开花期	结果期	收获期	生育期(天)
朱吴镇后庄村	5/12	5/21	6/19	7/12	9/15	125
郭城镇前洽河	5/7	5/17	6/16	7/10	9/16	132
凤城成家	4/21	4/29	6/12	7/9	9/10	141
留格镇东山口	5/14	5/21	6/15	7/20	9/22	132
郭城镇前洽河	4/25	5/3	6/20	7/10	9/14	142
闫家镇闫家村	5/14	5/20	6/14	7/15	9/25	134
发城镇东房屋	5/17	5/25	6/14	7/15	9/20	125
闫家镇闫家村	5/12	5/20	6/19	7/17	9/18	128
郭城镇前洽河	4/27	5/8	6/12	7/8	9/15	138

(2)不同施肥处理对花生生物学性状的影响(表6)

从表6可以看出,处理1(N0P0K0)的花生主茎高、侧枝长、分枝数明显比其他5个处理差,差异达显著水平。表现较好的是处理6和处理5,与处理2、3、4差异不显著。实验结果说明:不施肥对花生的植株性状有明显影响,缺少某一元素对花生的植株性状影响不明显,氮、磷、钾配合施用,花生植株健壮,生长良好。

表 6　　各个试验点花生生育性状调查汇总表

试验处理	主茎高(cm)	侧枝长(cm)	分枝数(个)	收获时单株绿叶数(片)
1　N0P0K0	43.13	46.60	8.83	4
2　N0P2K2	48.43	53.33	8.89	4
3　N2P0K2	51.77	55.07	9.34	10
4　N2P2K0	51.43	55.27	9.59	8
5　N2P2K2	52.33	55.87	9.53	10
6　习惯施肥	53.37	56.30	9.98	8

(3)不同施肥处理对花生产量因素的影响

各处理花生产量因素考察结果如表 7 所示，在相同的管理条件下，钾肥的丰缺，影响花生的饱果率，钾肥足，千克果数比对照减少 51.51～35.13 个，差异显著；磷肥的丰缺，对花生的产量因素影响差异不显著；氮肥的丰缺对花生饱果率影响不大，但缺氮，花生长势弱，产量低。氮磷钾合理配比有利于花生各产量因素的协调发展，缺任何一种元素都对产量有影响，不施化肥减产幅度最大，比合理施肥每亩减产 96.87kg，减幅为 31.12%。

表 7　　九处试验的花生产量因素调查汇总表

试验编号	单株果数(个)	千克果数(个)	百果重(g)	饱果率(%)	出米率(%)	折产($kg/667m^2$)
N0P0K0	10.21	569.38	178.97	66.44	66.70	214.45
N0P2K2	11.39	522.13	196	80.99	69.29	267.45
N2P0K2	12.76	534.25	196.14	79.64	70.24	284.12
N2P2K0	13.6	517.87	198.7	80.14	70.15	296.82
N2P2K2	13.69	507.53	202.87	63.24	69.35	311.32
习惯施肥	12.94	505.92	200.75	82.05	69.65	274.14

(4)不同施肥处理对花生产量的影响(表 8)

不同施肥处理比对照均有不同程度的增产，增幅在 17.57%～51.69%，表明施肥对花生有显著的增产作用。

表 8　　不同施肥处理对花生实测产量结果汇总表

试验处理		产量(kg/667m²)	比对照增产(kg)	比对照增减(%)
1	N0P0K0	207.69		
2	N0P2K2	244.19	36.50	17.57
3	N2P0K2	265.53	57.84	27.85
4	N2P2K0	266.73	59.04	28.43
5	N2P2K2	315.04	107.35	51.69
6	习惯施肥	290.98	83.29	40.10

氮、磷、钾三元配比产量最高为 315.04kg/667m²，比对照增产 107.35kg，增产率为51.69%，差异极显著，比习惯施肥增产 24.06kg，增幅为 8.27%；氮、磷二元配比与氮、钾二元配比、磷、钾二元配比单产差异不显著，与对照差异达显著水平。

(5)不同施肥处理对花生经济效益的影响(表 9)

处理 5 产值达到 1008.15 元，净收入 911.34 元，比对照增值 343.53 元/667m²，增幅为 37.11%。从表 9 可以看出，三元合理配比施肥，花生经济效益高，缺磷经济效益较差，缺钾经济效益次之，缺氮经济效益最差。

表 9　　不同施肥处理对花生的经济效益分析表

试验编号	产值(元/667m²)			肥料投入(元/667m²)	净收入(元/667m²)		
	平　均	增　值	比对照增(%)		收入(元)	比对照增(%)	比对照增(%)
N0P0K0	664.63	—	—	0	664.63	—	—
N0P2K2	781.43	116.81	17.57	74.27	707.16	42.43	6.38
N2P0K2	849.66	185.04	27.84	54.04	795.62	130.89	19.69
N2P2K0	853.53	188.91	28.42	65.31	788.22	123.49	18.58
N2P2K2	1008.15	343.53	51.69	96.81	911.34	246.61	37.11
习惯施肥	927.97	263.35	39.62	120	807.97	143.24	21.55

(6)结论

氮、磷、钾合理配比施肥，花生产量和经济效益高。比对照增产107.35 kg/667m²，增幅为 51.7%，增纯收入 343.52 元/667m²，增幅为 39.3%，说明测土配方施肥不仅成本低而且经济效益高，应大力推广。习惯施肥次之，说明习惯施肥虽然存在施肥的盲目性，但比单一施肥和不施肥都有一定的增产作用，应积极引导，逐步加以改善。

无磷处理(N2P0K2)平均亩产 265.53kg,居第三位,说明磷对花生产量的影响最小;无钾处理(N2P2K0)平均亩产 266.73kg,居第四位,说明钾对花生产量的影响较大;无氮处理(N0P2K2)平均亩产 244.19kg,居第五位,说明氮对花生产量的影响最大;无肥区平均亩产 207.7kg,产量最低,说明在试验地的土壤肥力条件下,施肥的增产增收效果十分明显。

四、花生土壤地力现状形成原因分析

(一)生产条件差,土壤养分含量低

海阳市属于丘陵山地,从全市的种植结构看,苹果、蔬菜经济效益高,多种植在水浇条件和土层较好的泊地,花生多种植在丘陵沙砾土和沿海砂土上,这种现象在耕地面积逐年减少的情况下,表现尤为突出。这些土壤的共同点是:土层浅薄,质地差,结构不良,自然肥力低,供肥能力差,耕作管理粗放,基本依靠自然降水来维持生产,导致花生产量低而不稳。

从全市花生种植分区看,北部花生种植区(发城、郭城、徐家店)果树多,花生有 90%以上种植在山地上,养分含量表现为氮最低、磷适宜、钾适宜、有机质适宜;中部地区(小纪、朱吴、盘石)花生有 30%种植在泊地,养分含量表现为氮低、磷适宜偏高、钾适宜偏低、有机质适宜;南部产区(其他镇)以蔬菜为主,花生有 80%种植在山地上,养分含量表现为氮低、磷适宜偏低、钾适宜偏低、有机质适中。

(二)施肥技术不合理

调查统计结果表明,目前海阳市农业生产中用肥存在的问题主要表现在:

一是选肥不当,过量使用如碳酸氢铵、磷酸二铵、硫酸钾、过磷酸钙等酸性化肥,土壤酸化现象严重。过量的氮反应释放出 H^+,当铵态氮或有机氮肥转化为硝酸盐时,释放出的 H^+ 使土壤酸化。可溶性磷肥(过磷酸钙和磷酸一铵)释放出的磷酸能暂时使施肥局部酸化。普通过磷酸钙含 3%~5%的游离酸,本身就是化学酸性肥料,导致土壤酸化。硫酸钾和氯化钾都是生理酸性肥料。钾离子被作物吸收后,残留的硫酸根、盐酸根,使土壤酸化。

从随机调查农民施肥的情况看,平均每亩耕地使用酸性肥料在 150kg,土壤酸化现象加重。

二是用肥不均,施肥比例不合理。花生种植仍习惯应用三元素复合肥,用量不根据耕地及产量指标施肥,而是随心所欲。

三是有机肥资源浪费严重。有机肥的投入量严重不足,调查结果显示,在花生种植过程中,只有 20%左右的土壤使用过有机肥,但用量明显不足,土壤有机质仅比第二次土壤普查时增加 0.45%，增幅为 65.3%，仍然处于有机质含量中低水平，花生秸秆还田面积甚少。

四是肥料使用不合理。重化肥轻有机肥，重氮肥轻钾肥，重大量元素肥料轻中微量元素肥料。与 1984 年第二次土壤普查结果比较，土壤有效磷从缺磷变为富磷，增加18.67mg/kg，增幅为 270.58%；土壤有效钾含量增加32.06 mg/kg，增幅为 60.49%，但仍处于缺乏状态；土壤碱解氮含量增加 31.67mg/kg，增幅为 63.34%，仍属低氮范围。微量元素变化为：土壤中有效铁、有效锰含量大幅度减少，有效锌略有降低，变化极小。

（三）栽培制度单一，造成各养分吸收不均衡

海阳市花生栽培模式多以一年一作的覆膜栽培为主，占种植总面积的 99%以上，轮作换茬面积占 50%左右，重茬面积占 20%～30%。

在土地资源紧缺的情况下，花生一年一作或小麦、玉米、花生两年三作，往往造成花生重茬面积大，部分地块甚至连作三年以上，由于连作使土壤中的养分比例失调，造成某种营养元素缺乏，如磷、钾、钙、钼、硼等营养元素含量降低，不能满足花生生长发育的需要。另外在重茬的情况下，花生根系分泌的有机酸类物质积累增多，易造成根系自身中毒，根系发育不良，根瘤数量减少，固氮能力降低。

（四）气候变暖，影响土壤养分的吸收利用率

光照、温度、降雨等主要气候因素，可影响花生对养分的吸收和肥料在土壤中的变化、流失和肥效发挥的快慢。从 2000 年来的气象资料分析，海阳市冬春气候明显变暖，年平均气温为 12.6℃，比常年增加 1.1℃。温度提高促进了肥料的分解，加快了花生代谢过程，增加了花生对养分的吸收，在正常施肥和土壤状况下，花生生长的需肥比例和数量发生变化，土壤养分吸收速度加快，从而造成花生生长后期肥效供应不足，土壤中养分含量不合理。

五、花生田土壤地力改良目标

花生作为海阳市的主要经济作物，在增加农民收入、稳定粮油食品安全上具有重要的意义。为确保花生产业的良性发展，确定如下土壤地力改良目标。

（一）进一步研究适合花生生长的土壤改良措施，形成适合的花生配方施肥技术体系，形成配套的栽培管理措施。

（二）通过各种形式宣传发动，采取有效措施，使全市花生土壤地力水平趋于合理。

（三）亩增产 10%以上。

六、对策与建议

（一）搞好农田基本建设，加大中低产田改造力度

根据花生土壤肥力状况，因地制宜采取各种以治水、改土为目的的基本建设措施，通过争取国家中低产田改造项目资金，加大投入，从加强农田水利基本建设、扩大有效灌溉面积和应用节水栽培技术入手，努力改造中低产田，加厚土层，培肥地力，以达到改善生产条件，提高产出能力的目的。

（二）深耕地、加大轮作换茬周期

深耕不仅能够改善土壤结构、加厚活土层、增加土壤蓄水能力，而且有利于土壤微生物活动，促进花生根瘤菌活动，增强花生的固氮能力，缓解土壤中氮低的矛盾，另外，深耕可以使土壤中许多不溶性和沉积在深层的不易被花生吸收利用的养分通过物理、化学、生物等作用释放出来，转化为有效养分，供花生吸收利用。

尽可能轮作换茬，以 3～4 年为一个周期。通过轮作换茬，使花生田土壤养分发生互补作用，有利于花生生长所需养分的最大吸收。

（三）建立花生施肥指标体系，实现配方施肥

1. 花生施肥量的确定

花生施肥量用产量目标养分平衡法或养分丰缺指标法估计，需要掌握花生需肥量，土壤养分供应量和肥料当季利用率等参数。研究发现，花生对氮、磷、钾化肥的当季利用率分别是 41.8%～50.4%、15%～25%、45%～60%。但不同条件下这些参数有较大变化，应根据不同的土壤类型和地力状况而定。

花生肥料的施用量要根据花生产量形成由土壤、肥料和根瘤菌供给养分这一原理来计算。目标产量由土壤肥力来决定，也可以当地三年的平均产量为基础增加 5%～10%来定，土壤供肥量由土壤养分测定值而定。

计算公式如下：

肥料需要量＝[（花生单位产量养分吸收量×目标产量）－（土壤养分测定值×0.15×校正系数）]÷（肥料中养分含量%×肥料当季利用率%）

式中：花生单位产量养分吸收量×目标产量＝花生吸收养分的总量

土壤养分测定值(mg/kg)×0.15×校正系数＝土壤供肥量

校正系数，花生一般采用 0.55。

由于花生的氮素约 60%来自根瘤菌固氮，故实际施氮量按计算所得数字的 50%即可，据此同样可以求出磷、钾的当季施用量。

2. 花生推荐施肥量

花生正常生长发育需氮、磷、钾、钙、镁、硫、锌、铜、铁、锰等多种元素，其中需氮最多。其他元素根据土壤养分供应状况，因缺补缺，针对性使用。花生的吸肥能力很强，除根系外，果珍、幼果和叶子也都直接吸收养分。花生各生长发育阶段需肥量不同，苗期需要的养分数量较少，氮磷钾的吸收量仅占一生吸收总量的5%左右，开花期吸收养分数量急剧增加，氮的吸收占一生吸收总量的17%、磷占22.6%、钾占22.3%；结荚期是花生营养生长和生殖生长最旺盛的时期，有大批荚果形成，也是吸收养分最多的时期，氮的吸收占一生吸收总量的42%、磷占46%、钾占60%；饱果成熟期吸收养分的能力渐渐减弱，氮的吸收占一生总量的28%、磷占22%、钾占7%。花生对微量元素硼、钼、铁较为敏感，在含碳酸钙较多且pH值较高的土壤上较易出现缺铁黄花现象。

据研究每生产100kg花生荚果需要吸收纯氮5.5kg、五氧化二磷1.5kg、氧化钾2.6kg、钙素1.5～3.5kg，氮、磷、钾吸肥比例约为5.54∶1∶2.65。花生推荐施肥用量表见表10。

表10　花生推荐施肥用量表

目标产量(kg/667m²)	推荐施肥量(kg/667m²)						
	N	P_2O_5			K_2O		
		土壤有效磷(mg/kg)			土壤速效钾(mg/kg)		
		<27	27～30	>30	<67	67～90	>90
<250	4.0—4.5	5.0	4.0	3.0	5.0	4.0	0.0
250～350	4.5～5.4	6.0～7.0	5.0～6.0	4.0	7.5	7.0	4.0
>350	5.5～6.5	8.0～10.0	6.0～7.0	6.0	9.0	8.0	5.5

氮肥的施用量。在土壤全氮含量低于450mg/kg时，合理施用氮肥，可增荚果15%以上；土壤全氮含量在450～650mg/kg时，合理施氮可增产10%～15%；土壤全氮含量高于650mg/kg时，施氮增产效果不明显。因此，根据本市花生土壤化验结果，合理施氮指标为：亩产量低于250kg的地块，氮肥的最佳用量为纯氮4.5kg；亩产量在250～350kg，施纯氮4.5～5.4kg；亩产量350kg以上，应施纯氮5.5～6kg。

磷肥的施用量。土壤中速效磷含量低于27mg/kg时，为极缺磷，施磷可增产15%以上；土壤中速效磷含量在27～30mg/kg时，为缺磷，施磷可增产10%～15%，这两种情况必须施磷；土壤中速效磷含量在30～33mg/kg时，为较缺磷，施磷仅增产10%～5%，应酌情施磷。合理施磷指标为：亩产量低于250kg的地块，磷肥的最佳用量为P_2O_5 4kg；亩产量250～350kg，磷肥的最佳用量为$P_2O_5$5kg；亩产量350kg以上，应施P_2O_5 7.5kg。

钾肥的施用量。土壤中速效钾含量低于67mg/kg时，为严重缺钾，施钾可增产15%以上；土壤中速效钾含量在67～90mg/kg时，为缺钾，施钾可增产10%～15%，这两种情况必须施钾；土壤中速效钾含量在90mg/kg以上时，为不缺钾。合理施钾指标为：在缺钾及严重缺钾的土壤中，每亩K_2O的用量不低于7.5kg，花生荚果的产量才能随施钾量的增加而提高；每亩K_2O的用量高于10kg时，花生荚果的产量随施钾量的增加而降低。

3.配方肥的选择与施用

配方肥的选择。根据花生需肥规律和海阳市土壤养分化验结果等综合因素，经专家研讨确定了以下花生施肥配方：①三元素比例为17∶11∶17的无机复合肥；②三元素比例为17∶6∶22无机复合肥；③三元素比例为15∶7∶10的有机无机复混肥。

施肥数量：亩产400kg花生，全生育期需施土杂肥1000～1500kg，含量为45%的配方肥50～60kg，含量为40%的配方施60～80kg，含量为30%的配方肥70～80kg。在土杂肥不足的地块，应注重应用有机无机复混肥。

施肥方法：全部有机肥和20%的化肥作基肥，余者在起垄开沟作包馅肥。花生对微量元素硼、钼、铁较为敏感，可结合包馅肥每亩兑加1～2kg微肥。

（四）采取科学的田间管理技术，提高土壤肥力利用率

由于全球气候变暖，花生生长期间气温比往年提高1℃～2℃，生长期积温发生变化，生育进程加快，花生各时期生长的土壤养分供应和吸收发生变化，在管理中，要因地制宜，结合气候特点，采取合理、科学的管理技术，提高花生土壤的供肥能力。一要广覆膜，通过地膜覆盖，保持花生耕作层的土壤湿度和温度，使耕作层的土壤养分能够在合适的墒情下，达到最佳吸收。二要防早衰。解决花生后期供肥不足的问题。通过使用花生缓释肥、中耕、叶面喷肥等技术，确保土壤养分能源源不断的供应花生生长需要，做到不残留、不浪费，保持土壤养分的合理配比。

二、海阳市耕地地力评价与测土配方施肥

刘建晓

一、测土配方施肥及配套技术现状

(一)测土配方施肥技术的渊源

测土配方施肥是以肥料田间试验和土壤测试为基础,根据作物需肥规律、土壤供肥性能和肥料效应,在合理施用有机肥料的基础上,提出氮、磷、钾及中微量元素等肥料的施用品种、数量、施肥时期和施用方法的一套施肥技术体系。

在 20 世纪 70 年代中期前,我国对测土施肥的研究与推广工作进行了初步探索,测土技术体系主要用简单速测法进行测试,并指导施肥;20 世纪 70 年代末到 80 年代末,即第二次土壤普查实施阶段是快速发展时期,我国测土施肥工作得到快速发展。农业部土壤普查办公室组织了 16 个省、市、自治区参加的"土壤养分丰缺指标研究"协作组,1983 年对配方施肥的可行性进行了论证。1986 年又在山东召开了全国配方施肥技术经验交流会,制定了配方施肥工作要点,用于指导全国配方施肥工作。这一时期的测土施肥研究与推广在我国农业生产中发挥了重要作用;20 世纪 90 年代发展相对较慢;在 20 世纪末期,我国初步建立了适合我国农业状况和特点的土壤测试推荐施肥体系。常见的土壤测试推荐施肥方法主要有土壤养分丰缺指标法、养分平衡法、肥料效应函数法和作物营养诊断法等。其中养分丰缺指标法在我国进行了大范围的推广应用。目前,土壤养分丰缺指标法仍是测土施肥的主流方法,也是比较适合我国国情的方法。

肥料是植物正常生长的基础,合理使用有机肥料和化学肥料,对不断提高土壤地力和作物产量起着重要作用。因为肥料不仅能营养作物,而且能协调土壤中水、肥、气、热、菌等条件,提高土壤肥力,增加农作物产量和改善农

产品品质。新中国成立以来，我国农业生产的发展除了与农业生产技术的提高密切相关外，增施肥料、扩大施肥面积也是一个重要因素，目前我国肥料在农业生产中的投入比例占55%以上。但是，施入土壤的化学肥料，当季大部分不能被作物吸收利用，一般情况下，氮肥的当季利用率为28%～30%，磷肥为18%～23%，钾肥为50%左右。未被作物吸收的肥料，在土壤中挥发、淋溶和固定。肥料的损失、浪费很大程度上与不合理施肥有关。如何减少肥料的浪费、探索肥料使用方法，对提高农业生产效益、减少农业投入至关重要。施肥的目的是为了营养作物、提高产量，而作物营养指标又是指导施肥的理论依据。而且作物生长发育与它的外界环境条件密切相连，因此施肥不仅要根据作物营养特点，而且还要考虑到它的外界环境条件，包括生物、土壤、肥料、水利及栽培技术等因素，要把它们当作一个整体，运用现代科技来研究合理施肥的理论和技术，以发挥肥料增产的最大效益。海阳市农业历史上就以种植业为主，农民在长期生产实践中，总结出"以水调肥、用养结合、蓄淡冲盐、深翻抽砂"的经验，而这些经验又需通过现代科学加以总结提高。海阳市历史上农民经过长期的生产实践，对于肥料的使用具有丰富的经验，总结出"二个为主、三个结合、四肥配合"的用肥经验，即要以有机肥、底肥为主；上下结合，土肥、化肥结合，迟效、速效结合；有机肥、氮肥、磷肥和钾肥配合。在方法上变浅施为适当深施，对漏肥地块变一次为多次少施、地面撒施为沟施或穴施、磷肥和有机肥集中施和分层施等技术。

(二)开展测土配方及配套施肥的意义

1.测土配方施肥技术的实施，能够解决施肥中存在的许多现实问题，如提高肥料利用率，减少资源浪费和降低环境污染等，在培肥地力和减少农业投入的同时又增加了经济效益与社会效益。

2.测土配方施肥技术的实施，满足了人们对健康生活的需要。随着人们生活水平的提高，人们不再一味地追求农产品的数量，而对农产品的质量提出了越来越高的要求，测土配方施肥技术的实施，可以提高农产品的质量，生产出优质绿色无公害产品，提高农产品的市场竞争能力。

3.测土配方施肥技术的实施，使化验室硬件设施得到不断的改善，土壤化验、肥料和农产品的监测越来越方便，这又为农用物资的质量保证提供了很好的保障。

二、全市耕层土壤养分含量状况

(一)土壤有机质

土壤有机质含量的高低是土壤肥力水平的一个重要标志。它主要来源于施入土壤中的动植物、微生物残体和其他有机肥料。土壤有机质含量高低与土壤肥力水平密切相关，对土壤性状、作物生长和化肥的利用影响很大。检测结果表明，全市土壤有机质总体上仍呈中等偏低水平，粮田有机质平均含量为 12.0mg/kg，变化范围2～23.0mg/kg，31％的粮田有机质含量不足 10.0mg/kg，果园有机质平均含量为 11.8mg/kg，变化范围 2 ～23.0mg/kg，39％的果园有机质含量不足 10mg/kg。蔬菜大棚的有机质平均含量是 12.3％，变化范围 3～22.0mg/kg。

（二）土壤氮、磷、钾含量

耕层土壤全氮含量平均为 0.63mg/kg，范围在 0.23～1.44mg/kg 之间，其中 93％的面积含量范围在 0.40～1.20mg/kg 之间。

土壤碱解氮的含量水平常作为衡量土壤供氮水平的指标。检测结果表明，全市土壤碱解氮平均含量为 76.5mg/kg，处于氮素缺乏水平。比 1984 年土壤碱解氮平均含量 50mg/kg 高 21.99mg/kg，增幅为 43.98％。海阳市土壤碱角氮分级表见表 1。

表 1　　海阳市土壤碱解氮分级表

等级标准(mg/kg)	30～45	45～60	60～75	75～90	90～120	120～150	≥150
等级面积(hm^2)	3031.16	41146.23	85102.31	47952.48	11088.23	869.39	0
占总面积比例(％)	1.6	21.75	44.98	25.35	5.86	0.46	0

在所有土壤样品中，有 23.35％的土样碱解氮含量小于 60mg/kg，处于严重缺氮状态；土壤样品碱解氮含量处于 60 ～ 90mg/kg 之间的占总数的 70.33％，处于氮素缺乏状态；土样含氮量高于 90mg/kg 的只有 6.32％。土壤养分含量在各个等级的分布情况与平均值反映的情况基本相同，整体看海阳市土壤普遍缺氮。

土壤有效磷含量是衡量土壤养分容量和强度水平的重要指标。它包括土壤溶液中易溶性磷酸盐、土壤胶体吸附的磷酸根离子和易矿化的有机磷。土样检测结果表明，全市土壤有效磷含量平均为 35.3mg/kg，属于含磷较丰富地区。比 1984 年土壤有效磷含量 6.8mg/kg 高 28.5mg/kg，增幅为 419.12％。海阳市土壤有效磷分级表见表 2。

表 2　　海阳市土壤有效磷分级表

等级标准(mg/kg)	10～15	15～20	20～30	30～50	50～80	＞80
等级面积(hm²)	740.35	4412.35	56006.41	126121.71	1908.99	0
占总面积比例(%)	0.39	2.33	29.6	66.66	1.01	0

全市土壤中有效磷含量平均值为 35.3mg/kg，属于含磷较丰富地区。在调查的 7128 个土壤样品中，处于磷素缺乏状态的有 0.39%，2.33%土壤处于低磷含量水平，处于20～30mg/kg中等含磷水平的土壤占 29.6%，其余为丰富含磷水平。总体看，全市土壤中有效磷含量相对丰富，个别地区有效磷含量较低。在以后的施肥过程中可适当减少磷肥施用量或降低养分总量中磷素含量。

全市土壤中速效钾含量分为以下几个等级：50mg/kg 以下、50～75 mg/kg、75～100mg/kg、100～120mg/kg、120～150mg/kg、150mg/kg 以上。土壤中速效钾含量小于 50mg/kg 的土壤占总面积的 0.33%，处于此水平的土壤属于严重缺钾水平。77.04%的土壤样品速效钾含量为 50～100mg/kg，属于钾素缺乏水平。只有 22.64%的土壤速效钾含量为中等水平，速效钾含量在 100～150mg/kg 之间。总体看，全市土壤中速效钾含量平均值为 91.5mg/kg，处于钾素缺乏水平，大部分土壤处于缺钾状态，少部分属于钾素低含量水平，个别富钾(表 3)。

表 3　　海阳市速效钾分级表

等级标准(mg/kg)	≤50	50～75	75～100	100～120	120～150	＞150
等级面积(hm²)	627.51	19477.17	126259.79	39826.04	2999.29	0
占总面积比例(%)	0.33	10.3	66.74	21.05	1.59	0

(三)土壤 pH 值

为了掌握海阳市土壤的酸碱程度，将土壤按照 pH 值的高低划分为以下几个等级：4.5 以下、4.6～5.5、5.6～6.5、6.6～7.5、7.6～8.5、8.5 以上，对样品在各个等级中出现的几率进行统计。见表 4。

表 4　　海阳市土壤 pH 值分级表

等级标准	≤4.5	4.6～5.5	5.6～6.5	6.6～7.5	7.6～8.5	≥8.5
等级面积(hm²)	2270.2	29858.61	145819.9	11164.1	76.85	0
占总面积比例(%)	1.2	15.78	77.08	5.9	0.04	0

通过海阳市典型代表性土壤样品，统计分析得出全市土壤 pH 值为5.86，土壤偏酸性。土壤样品 pH 值小于 4.5 极度酸化的土壤占总面积的 1.2%，表明酸化程度较严重土壤在海阳市只占有极小部分；pH 值在 4.6～5.5 和 5.6～6.5 的土壤占总面积 15.78% 和 77.08%，合计 92.86%，表明全市绝大部分土壤偏酸性；土壤样品 pH 值在 6.6～7.5 和 7.6～8.5 的土壤占总面积 5.94%，全市仅有 6% 的土壤呈现中性或微碱性。全市土壤总体变现为酸性或偏酸环境，个别酸化严重，需要改良土壤酸碱条件以更好地满足作物生长的需要。

（四）土壤微量元素

全市土壤中有效铁含量平均值为 10.66mg/kg，土壤中有效锰含量平均值为10.138mg/kg，土壤中有效锌含量平均值为 1.43mg/kg。土壤有效铁含量在 4.5～10.0mg/kg的土样占总数的 26.76%，有效铁含量在 10.0～20.0mg/kg 占总数的61.67%为适宜作物生长的范围，占全部土样的 88.43%，表明海阳市绝大部分土壤中有效铁能够适合作物生长，不需要额外的施加铁肥。土壤中有效锰含量在 5.0～15.0mg/kg 的土样占全部土样的 24.7%，有效锰含量在 15.0～30.0mg/kg的土样占全部土样的 59.7%，有效锰含量在 30.0～45.0mg/kg 的土样占全部土样的 14.7%，大于 45mg/kg 的土样没有。土壤有效锌含量 0.20～1.0mg/kg 占 55.41%，有效锌含量在 1.0～1.8mg/kg 占17.65%，此范围为作物缺锌的临界值，低于此属缺锌范围，可见海阳市超过一半土壤存在缺锌情况（表 5）。

表 5　海阳市微量元素分级表

有效铁合计		≤2.5	2.5～4.5	4.5～10.0	10.0～20.0	20.0～30.0	30.0～40.0	>40.0
样品数	平均值	样品数	样品数	样品数	样品数	样品数	样品数	样品数
1495	10.66	54	77	400	922	40	0	3
百分率(%)		3.61	5.12	26.76	61.67	2.66	0.00	0.19
有效锰合计		≤1.0	1.0～5.0	5.0～15.0	15.0～30.0	30.0～45.0	45.0～60.0	>60.0
样品数	平均值	样品数	样品数	样品数	样品数	样品数	样品数	样品数
1076	10.138	0	10	266	642	158	0	0
百分率(%)			0.9	24.7	59.7	14.7		

续表

有效锌合计		≤0.1	0.10～0.20	0.20～1.0	1.0～1.8	1.8～2.6	2.6～3.4	>3.4
样品数	平均值	样品数	样品数	样品数	样品数	样品数	样品数	样品数
1495	1.43	37	14	828	264	133	77	142
百分率(%)		2.47	0.95	55.41	17.65	8.92	5.12	9.49

三、农田土壤养分变化原因分析

(一) 养分投入比例不合理

氮磷钾养分投入、生物产出平衡状况决定土壤养分的含量。从采样点农户施肥情况调查结果看出，农田土壤养分变化的原因主要是农民投肥比例不合理：化肥使用习惯以氮磷为主，忽视钾肥投入，氮、磷、钾养分投入比例是1∶0.45∶0.20，与世界平均水平(1∶0.4∶0.48)相比，氮比例相近，磷偏高，钾偏低。与理想的氮磷钾施肥比例[1∶(0.4～0.5)∶(0.4～0.5)]也存在一定的差距，钾肥投入严重不足。其结果造成土壤有效磷大幅上升、碱解氮适宜偏低、钾严重不足。

从养分化验结果看，大田中的养分与作物需求基本符合"有效磷大幅上升、碱解氮适宜偏低、钾严重不足"规律。其中小麦种植区的养分：氮含量较低、磷含量较高、钾含量适宜偏低、有机质中等。其中北部小麦区(发城、郭城、徐家店)氮含量较低、磷、钾含量适宜、有机质中等；中部产区(小纪、朱吴、盘石)氮含量低、磷适宜偏高、钾、有机质含量适中；南部产区(留格、凤城、辛安、大闫家、行村)氮含量低、磷适宜偏高、钾含量适宜偏低、有机质含量适中。玉米种植区的养分：氮较低、磷含量较高、钾含量适宜偏低、有机质中等。其中北部玉米区(发城、郭城、徐家店)氮含量较低、磷、钾和有机质含量适中；中部产区(小纪、朱吴、盘石)氮含量低、磷高、钾、有机质含量适中；南部产区(留格、凤城、辛安、大闫家、行村)氮适宜偏低、磷、钾、有机质含量适中。花生种植区的养分：氮较低、磷适中、钾含量适宜偏低、有机质中等，其中北部花生区(发城、郭城、徐家店)氮含量最低、磷适宜、钾适宜偏低、有机质含量中等，中部产区(小纪、朱吴、盘石)氮含量低、磷适宜偏高、钾、有机质含量适中，南部产区(留格、凤城、辛安、大闫家、行村)氮适宜偏低、磷、钾、有机质含量适中。全市果树区土壤养分：氮低、磷高、钾适宜、有机质中等。其中北部主产区(发城、郭城、徐家店)氮含量低、磷适宜、钾适宜、有机质含量中等；中部产区(小纪、朱吴、盘石)氮含量适宜偏低、磷、钾、有机质含量适中；南部产区(留格、凤城、辛安、大闫家、行村)氮适宜低、磷、钾、有机质含量适中。按蔬菜土壤养分分级指标划分,无论是保护地还是露天种植的土壤养分:氮、钾极低、磷低。

其次是由于家庭养殖户减少,农家有机肥源贫乏,造成有机肥投入逐年减少。目前,全市有机肥平均用量不足 650kg/667m^2,呈下降趋势,因而导致土壤的缓冲能力下降,有机肥是土壤钾的重要来源,有机肥用量的逐年减少加剧了钾素的亏缺。

根据近两年农田施肥状况调查,50%的麦田不施有机肥;40%的花生田不施或很少施有机肥;25%左右果园不足 4000 kg/667m^2;15%蔬菜大棚不足 3000 kg/667 m^2。另外,加以所施有机肥种类大多是鸡粪、猪粪和土杂肥、碳氮比低等因素,是造成农田土壤有机质偏低的主要原因。

(二) 土壤酸化严重

土壤酸碱度是土壤重要的化学性状之一,它对养分的有效性、微生物的活动、作物及土壤物理性状都有很大影响。生产中由于人们盲目、过量施肥,导致土壤 pH 值逐年下降,土壤酸化加重,严重影响了土壤微量养分的有效性,造成土壤铁、铜、锰的积累及钼的缺乏。

(三)购肥理念和施肥技术落后

由于农业的分散经营,致使农民施肥的随意性大,缺乏科学施肥技术。通过采样点农户调查结果得知:农民在购肥决策上,主要依据肥料价格采购的约占 70%,根据 N、P、K 养分含量购肥的占 31%,按大、中、微量养分配比采购的仅占 7%;农民确定施肥量,依据地力使用的占 21%,依据习惯使用的占 77%。虽然有少数的农户知道根据地力来确定施肥量,但在实际操作中缺乏土壤检测手段和施肥技术指导,只能凭主观臆断进行确定用肥量,因而购肥、施肥带有很大的盲目性。其结果是增加了生产成本,降低了肥料利用率,而且还造成了环境污染。

四、测土配方施肥指标体系的确立

(一)海阳市小麦施肥指标体系的建立

综合 2006~2008 年海阳市各试验点小麦亩产量与施肥量的关系,建立小麦磷肥肥料效应方程和小麦钾肥肥料效应方程如下:

小麦磷肥施肥效应函数:

$$y=-0.2821x^2+5.6114x+361.57$$

最高亩产量的施肥量 9.95,经济效益最佳时的施肥量 9.44。

$$R_2=0.9989$$

小麦钾肥施肥效应函数：

$$y=-0.9704x^2+14.651x+346.49$$

最高亩产量的施肥量 7.55，经济效益最佳时的施肥量 6.67。

$$R_2=0.9503$$

小麦正常生长发育需氮、磷、钾、铁、锌、铜、锰、硼等多种元素。在氮、磷、钾三要素中，相对需氮、钾较多，需磷较少。按照小麦需肥返青前较少，起身到扬花期间最多，以后又逐步减少的规律，在肥料使用上，应遵循“重施基肥和种肥，巧施追肥”的原则，合理调剂用量和时间。

每生产 100kg 小麦籽粒需要吸收纯氮 3kg、五氧化二磷 1.3kg、氧化钾 3kg，氮、磷、钾吸收比例约为 2.3∶1∶2.3。根据土壤养分化验结果，适当调节三者的施用比例，缺什么施什么，缺多少施多少，做到吃饱不残留，吃好不浪费。

1.氮肥的施用量。小麦亩产 300～400kg，施用纯氮 10～12kg；亩产量 400～500kg，施用纯氮 12～15kg。

2.磷肥的施用量。当土壤有效磷含量低于 14mg/kg，管理目标是通过增施磷肥提高作物产量和土壤有效磷含量，所以根据实践经验磷肥施用量为作物带走量的 1.5 倍；当土壤有效磷含量在 14～30mg/kg 时，管理目标是维持现有土壤有效磷水平，故磷肥用量等于作物的带走量；当有效磷含量大于 30mg/kg 时，施用磷肥的增产潜力不大，因此在培创高产或超高产的地块可以适当补充磷肥，一般地区则不需施用磷肥(表 6)。

表 6　　小麦磷肥推荐用量表

目标产量(kg/667m²)	土壤有效磷含量分级(mg/kg)		
	7～14	14～30	>30
	纯磷肥用量(kg/667m²)		
200～300	7～8	6～7	5～6
300～400	9	8	7
400～500	10	9	8

3.钾肥的施用量。当土壤速效钾含量低于 70mg/kg 时，管理目标是通过增施钾肥提高土壤速效钾含量和作物产量，所以根据实践经验钾肥施用量为作物带走量的 1.5 倍；当土壤速效钾含量在 70～110mg/kg 时，管理目标是维持现有土壤速效钾含量水平，故钾肥用量等于作物的带走量；当土壤速效钾大于 110mg/kg 时，施用钾肥的增产潜力不大，培创高产或超高产的地块可以

适当补充钾肥，一般地区则不需施用钾肥（表 7）。

表 7　　小麦钾肥推荐用量表

目标产量 (kg/667m²)	土壤速效钾含量分级(mg/kg)		
	＜70	70～100	＞110
纯钾肥用量(kg/667m²)			
200～300	6	0	0
300～400	7	7	0
400～500	9	8	6

（二）海阳市玉米施肥指标体的建立

综合留格镇港北村、东村街道后辛治村、郭城镇桂山村三处试验点玉米产量与施用肥料量的关系，建立玉米磷肥肥料效应方程和玉米钾肥肥料效应方程如下：

玉米磷肥肥料效应方程：

$$y=-0.8791x^2+9.9311x+436.11(R_2=0.9638)$$

玉米磷肥最佳亩产施肥量 5.65kg/667m²，最佳经济效益施肥量5.40 kg/667m²。

玉米钾肥肥料效应方程：

$$y=-0.8577x^2+15.389x+481.31(R_2=0.9658)$$

玉米钾肥最佳亩产施肥量 8.97kg/667m²，最佳经济效益施肥量 8.21kg/667m²。

玉米正常生长发育需氮、磷、钾、铁、锌、铜、锰等多种元素。在氮、磷、钾三要素中相对需氮、钾较多，需磷较少。锌、硼、锰等元素根据土壤养分供应状况，因缺补缺，有针对性地使用。研究表明，玉米各生长发育阶段需肥量不同。出苗到拔节期，吸收氮总量的2.5%、有效磷总量的 1.12%、有效钾总量的 3%；拔节到开花期吸收氮总量的 51.15%、有效磷总量的 63.81%、有效钾总量的 97%；开花到成熟期吸收氮总量的 46.35%、有效磷总量的 35.07%；玉米营养最大效率期在大喇叭口期，磷素营养临界期在三叶期，氮素临界期比磷稍后，通常在营养生长转向生殖生长的时期。

理论上可以证明，每生产 100kg 玉米籽粒需要吸收纯氮 2.5kg、五氧化二磷 1.2kg、氧化钾 2kg，氮磷钾吸肥比例约为 2∶1∶1.6。

1. 氮肥的施用量。依据实测的土壤硝态氮含量计算。在旱作田块，由于土壤通气状况良好，氧化过程占优势，硝态氮是各种形态氮素来源的综合体现。

当夏玉米单产在300kg/667m^{2}时，需供应氮肥 11kg/667m^2；在 500kg/667m^2 时，需供应氮肥 18.33kg/667m^2。以公顷为单位每生产 1kg 夏玉米需供应氮肥为 0.037kg＝(18.33－11)/(500－300)。于是有：

$$T(N)=0.037\times Y-2.25\times N_s$$

式中，$T(N)$为每公顷氮肥推荐施用量(kg/hm^2)；N_s 为耕层(0～20cm)土壤硝态氮测试值(mg/kg)；Y 为目标产量，为前三年产量(kg/hm^2)平均值的 1.1～1.15 倍；2.25 为硝态氮测试值由 mg/kg 转化为 kg/hm^2 的系数。

由此计算，玉米单产 300～400kg/667m^2，应施用纯氮 10～15kg；单产 400～500kg/667m^2，施用纯氮 15～18kg；单产 600kg/667m^2，需施纯氮 12～15kg。

2. 磷肥的施用量。当土壤有效磷含量低于 14mg/kg，管理目标是通过增施磷肥提高作物产量和土壤有效磷含量，故磷肥用量为作物带走量的 1.5 倍；当土壤有效磷含量在 14～30mg/kg 时，管理目标是维持现有土壤有效磷水平，故磷肥用量等于作物带走量；当有效磷大于 30mg/kg 时，施用磷肥的增产潜力不大，但高产或超高产培创地块可以适当补充磷肥，一般地块不需增施磷肥(表 8)。

表 8　　玉米磷肥推荐用量表

目标产量(kg/667m^2)	土壤有效磷含量分级(mg/kg)		
	7～14	14～30	＞30
	纯磷肥用量(kg/667m^2)		
300～400	4～5	3～4	0
400～500	5～7	4～5	0
500～600	5～9	5～6	2～4

3. 钾肥的施用量。当土壤速效钾含量低于 70mg/kg，管理目标是通过增施钾肥提高作物产量和土壤速效钾含量，故钾肥用量为作物带走量的 1.5 倍；当土壤速效钾含量在 70～110mg/kg 时，管理目标是维持现有土壤速效钾水平，故钾肥用量等于作物带走量；当速效钾大于 110mg/kg 时，施用磷肥的增产潜力不大，但高产或超高产培创地块可以适当补充钾肥，一般地块不需增施钾肥(表 9)。

表 9　　玉米钾肥推荐用量表

目标产量 (kg/667m²)	土壤速效钾含量分级(mg/kg)		
	<70	70～100	>110
	纯钾肥用量(kg/667m²)		
300～400	3～5	2～4	0
400～500	4～9	4～7	0
500～600	5～10	5～9	3～5

(三)花生田间施肥指标体系的建立

花生施肥量用产量目标养分平衡法或养分丰缺指标法估计，需要掌握花生需肥量，土壤养分供应量和肥料当季利用率等参数。山东农业大学万勇善教授研究发现，花生对氮、磷、钾化肥的当季利用率分别是41.8%～50.4%、15%～25%、45%～60%。但不同条件下这些参数较大变化，应根据当地的具体情况而定。

花生肥料的施用量要根据花生产量形成由土壤、肥料和根瘤菌供给养分这一原理来计算。目标产量由土壤肥力来决定，也可以当地三年的平均产量为基础，增加5%～10%来定，土壤供肥量由土壤养分测定值而定。

计算公式如下：

肥料需要量=[(花生单位产量养分吸收量×目标产量)-(土壤养分测定值×0.15 ×校正系数)]÷(肥料中养分含量%×肥料当季利用率%)

式中：花生单位产量养分吸收量×目标产量=花生吸收养分的总量

土壤养分测定值(mg/kg)×0.15×校正系数=土壤供肥量

校正系数，花生一般采用0.55。

由于花生的氮素约60%来自根瘤菌固氮，故实际施氮量按计算所得数字的50%即可，据此同样可以求出磷、钾的当季施用量。

花生正常生长发育需氮、磷、钾、钙、镁、硫、锌、铜、铁、锰等多种元素，其中需氮最多。其他元素根据土壤养分供应状况，因缺补缺，有针对性地使用。花生的吸肥能力很强，除根系外，果珍、幼果和叶子也都能直接吸收养分。花生各生长发育阶段需肥量不同，苗期需要的养分数量较少，氮、磷、钾的吸收量仅占一生吸收总量的5%左右，开花期吸收养分数量急剧增加，氮的吸收占一生吸收总量的17%、磷占22.6%、钾占22.3%；结荚期是花生营养生长和生殖生长最旺盛的时期，有大批荚果形成，也是吸收养分最多的时期，氮的吸收占一生吸收总量的42%、磷占46%、钾占60%；饱果成熟期吸收养分的能力渐渐减弱，氮的吸收占一生总量的28%、磷占22%、钾占7%。花生对微量元素硼、钼、铁较为敏感，在含碳酸钙较多且pH值较高的土壤上较易出现缺铁黄花现象。

据研究每生产100kg花生荚果需要吸收纯氮5.5kg、五氧化二磷1.5kg、氧化钾2.6kg，钙素1.5～3.5kg，氮磷钾吸肥比例约为5.54∶1∶2.65（表10）。

1.氮肥的施用量。在土壤全氮含量低于450mg/kg时，合理施用氮肥，可亩增荚果15%以上；土壤全氮含量在450～650mg/kg时，合理施氮可增产10%～15%；土壤全氮含量高于650mg/kg时，施氮增产效果不明显。因此，根据本市花生土壤化验结果，合理施氮指标为：亩产低于250kg的地块，氮肥的最佳用量为纯氮4.5kg；亩产250～350kg，应施纯氮4.5～5.4kg；亩产350kg以上，应施纯氮5.5～6kg。

2.磷肥的施用量。土壤中速效磷含量低于27mg/kg时，为极缺磷，施磷可增产15%以上；土壤中速效磷含量在27～30mg/kg时，为缺磷，施磷可增产10%～15%，这两种情况必须施磷；土壤中速效磷含量在30～33mg/kg时，为较缺磷，施磷仅增产7%左右，应酌情施磷。合理施磷指标为：亩产低于250kg的地块，磷肥的最佳用量为纯4kg；亩产250～350kg，亩施纯五氧化二磷5kg；亩产350kg以上，应施纯五氧化二磷7.5kg。

3.钾肥的施用量。土壤中速效钾含量低于67mg/kg时，为严重缺钾，施钾可增产15%以上；土壤中速效钾含量在67～90mg/kg时，为缺钾，钾可增产10%～15%；土壤中速效钾含量在90mg/kg以上时，为不缺钾。合理施钾指标为：在缺钾及严重缺钾的土壤中，每亩K_2O的用量不低于7.5kg，花生荚果的产量才能随施钾量的增加而提高；每亩K_2O的用量高于10kg时，花生荚果的产量随施钾量的增加而降低。

表10　　花生推荐施肥用量表

目标产量（kg/667m²）	推荐施肥量（kg/667m²）						
	N	P_2O_5			K_2O		
		土壤有效磷（mg/kg）			土壤速效钾（mg/kg）		
		＜27	27～30	＞30	＜67	67～90	＞90
＜250	4.0～4.5	5.0	4.0	3.0	5.0	4.0	0.0
250～350	4.5～5.4	6.0～7.0	5.0～6.0	4.0	7.5	7.0	4.0
＞350	5.5～6.5	8.0～10.0	6.0～7.0	6.0	9.0	8.0	5.5

五、测土配方平衡施肥技术应用

测土平衡施肥技术的特点是根据具体情况因地制宜对作物进行施肥，而且由于化验土样数量的关系，不能为每块地都制定一张配方卡，因此，我们根据以往常规检测结果，参考调查取样点附近地片的配方卡，结合肥料效应和具体农作物需肥特点，提出以下施肥技术要点：

（一）小麦配方平衡施肥技术

小麦生育期较长，大致每生产100kg籽粒需吸收N约2.3kg、P_2O_5约1～1.5kg、K_2O约2.3kg，三者的吸收比例为3∶1∶3。小麦氮素的吸收有两个高峰阶段：一是出苗到拔节阶段（越冬期和返青期），吸收氮素占吸氮总量的40%左右；二是拔节到孕穗阶段，占吸氮总量的30%～40%左右。小麦在分蘖期吸收磷素和钾素分别占各自吸收总量的30%左右，拔节以后吸收速度急剧增长。磷素在孕穗到成熟期吸收最多，约占总吸收量的40%，钾素的吸收以拔节到孕穗开花阶段最多，占总吸收量的60%左右，到开花时对钾素的吸收达到最大量。

根据小麦的生育规律和营养特点，小麦正常生长发育需氮、磷、钾、铁、铜、钼、硼等多种元素。在氮、磷、钾三要素中，相对需氮、钾较多，需磷较少。按照小麦需肥返青前较少，起身到扬花期最多，以后又逐渐减少的规律，在肥料使用上，应遵循“重施基肥和种肥，巧施追肥”的原则。基肥用量应占总施肥量的50%～60%、25%做种肥，追肥占20%～40%为宜。

小麦的基肥应以农家肥为主，配合施用化肥。农家肥一般每亩施2000～5000kg；氮素可根据肥力高低每亩施尿素5～15kg或碳酸氢铵15～50kg，肥力高可少施，低则需多用；土壤中缺磷应每亩施过磷酸钙或钙镁磷肥40kg左右，最好与农家肥混合或堆沤后施用；缺钾土壤每亩施氯化钾5～15kg。

小麦种肥在播种时可以少量施用，每亩用化肥总量25%做种肥。播种时，种子和化肥要分离开，碳酸氢铵不宜作种肥。

小麦追肥要根据具体情况分期追肥。一是苗期追肥，也称秋季追肥，一般在分蘖初期，每亩施碳酸氢铵5～10kg或尿素3～5kg或少量的人粪尿。基肥充足时可不追肥。二是越冬期追肥，一般用于分蘖少的三类苗，结合浇冬水每亩施碳酸氢铵5～10kg或尿素3～5kg。苗期已追肥的可不再追肥。三是返青期追肥，多用于肥力较差、基肥不足、冬前分蘖少、生长弱的田地，每亩施碳酸氢铵15～20kg或尿素5～7kg，应深施6cm以上。四是拔节期追肥，分两种情况：过旺苗不宜施追肥，且控制浇水；壮苗可结合浇水每亩施碳酸氢铵 10～15kg 或尿素 3～5kg，施过磷酸钙 5～10kg，硫酸钾 3～5kg。五是孕穗期追肥，主要是施偏肥，根据情况每亩施尿素 10～15kg。六是灌浆期追肥，一般用根外追肥法。对有脱肥早衰现象的麦田可每亩喷施 1%～2%浓度尿素 60kg；对有贪青晚熟趋势的麦田可每亩喷施 0.3%浓度的磷酸二氢钾 60kg。

（二）玉米配方平衡施肥技术

玉米正常生长发育需氮、磷、钾、铁、铜、钼、硼等多种元素。在氮、磷、钾三要素中，相对需氮、钾较多，需磷较少。玉米是高产作物，需肥量大，每生产 100kg 籽粒需吸收 N 约 2.5kg、P_2O_5 约 1.2kg、K_2O 约 2kg，三者比例为 2：1：1.6。玉米不同发育阶段需肥量也不同，玉米幼苗生长慢，吸收也少，拔节期到开花期生长加快。从出苗到拔节，吸收氮占 2.5%、有效磷占 1.12%、有效钾占 3%；从拔节到开花吸收氮占 51.15%、有效磷占63.81%、有效钾占 97%；从开花到成熟吸收氮占 46.35%、有效磷占 35.07%、有效钾占 0%；玉米营养最大效率期在大喇叭期，磷素营养临界期在三叶期，氮素临界期比磷稍后，通常在营养生长转向生殖生长的时期。

根据上述可看出，玉米从拔节期到穗期是施肥的关键时期，对增加产量非常重要。一是施基肥，在小麦收获后，结合中耕灭茬，每亩施有机肥 2000～3000kg，要重施磷肥40～50kg，配合施入少量氮肥。二是分期追肥，宜采用“前重后轻”方式，在玉米拔节期每亩施尿素 20～25kg，大喇叭口期再施 10～15kg，玉米分期追肥能更好地发挥肥料的最大效益。

（三）花生配方平衡施肥技术

花生是含油和蛋白质较多的作物。正常生长发育所需的诸多元素中，需氮最多，其他元素根据土壤养分供应状况，因缺补缺，有针对性地使用。对化肥的吸肥能力很强，除了根系外，果珍、幼果、叶子也都直接吸收养分。花生各生长发育阶段需肥量不同，苗期需要的养分较少，氮、磷、钾的吸收量仅占一生吸收总量的 5%左右；开花期养分吸收数量急剧增加，氮的吸收占一生吸收总量的 17%、磷占 22.6%、钾占 22.3%；结荚期是花生营养生长和生殖生长最旺盛的时期，有大批荚果形成，也是吸收养分最多的时期，氮的吸收占一生吸收总量的 42%、磷占 46%、钾占 60%；饱果成熟期吸收养分能力逐渐降低，氮的吸收占一生总量的 28%、磷占 22%、钾占 7%。花生对微量元素硼、钼、铁较为敏感，在含碳酸钙较多且 pH 值较高的土壤中，花生易出现缺铁黄化现象。花生施肥总体上应把握以下原则：重施基肥，适量追肥，有机肥为主，化肥为辅，大量、中量及微量元素相结合。

1.基肥：全部有机肥和 20%化肥作基肥，余者在起垄开沟作包馅肥。

2.追肥:苗期追肥以氮为主,出苗后15～20天,结合中耕每亩追尿素5kg左右;花针期重追一次肥,每亩施尿素5kg,过磷酸钙10kg,硫酸钾5kg。

3.微量元素肥料:花生对钼、硼、铁较敏感,可以在结合包馅肥每亩兑加1～2kg微肥;也可在苗期和盛花期喷施0.1%～0.2%的钼酸铵、0.2%硼砂混合溶液,可促进增产和根瘤固氮。

(四)苹果树配方平衡施肥技术

从海阳市果园土样化验结果看,全市果园养分氮低、磷高、钾适宜、有机质中等。根据P超标、N不足、中微量元素不平衡、土壤酸化严重的实际,结合果树需肥特点,提出了"增氮、稳磷、稳钾、补微、调酸、增有机"的施肥原则,依照目标产量确定施肥比例及施肥量。

1.增施有机肥

有机肥中不仅含有果树生长所需要的氮、磷、钾、钙、镁、硫等大量营养元素,还含有果树营养生长所需要的如锌、铁、锰等微量元素,微量元素在协调各种营养元素的供应方面具有十分重要的作用。

施肥时间:秋季果实收获后到落叶前是氮素储备期,应立即使用有机肥,同时秋季也是苹果树的根系快速生长期之一,施肥后的断根伤口愈合快,能够促进新根的萌发,有利于养分的吸收积累。

施肥量及方法:一般按每生产1kg苹果2～3kg有机肥的比例施入。其方法通常采用放射状沟施及全园撒施。

2.根据果树的需肥规律,研制配方肥、确定施肥方法及时间

苹果树对矿质营养元素的吸收量次序为:钙>钾>氮>镁>磷。氮、磷、钾是苹果生长必需的,也是构成果实的主要矿质营养,消耗量大,土壤供给不足,需要周期性补充。钙、镁主要存在于根、茎、叶中,果实中含量很低,并且土壤中钙、镁的含量较丰富,不需要每年使用。硼、锌、铁、锰、铜、钼也是苹果生长必须使用的微量营养元素,并且需要及时补充。苹果对氮、磷、钾的需求分为三个阶段:从萌发到新梢加速生长为大量需氮期;从新梢生长后期到果实采收前为稳定需氮期;从果实收获后到落叶前是氮素储备期。苹果树周年营养对磷的需求平稳,基本没有高峰和低谷;对钾的需求量以果实膨大期最多。

施肥时期:根据全市土壤养分状况与果树需肥特点,确定了果树施肥的四个时段:一是果实收获后立即施用基肥,以有机肥为主,配合使用氮磷钾化肥和中微量元素,全部有机肥、微肥和氮磷钾的20%做基肥一起施入。二是于3月份果树萌芽前追施全年氮的50%、磷的30%。三是6月份花芽分化前

追施全年氮、磷的30%和钾的40%。四是9月份果实膨大期追施全年磷的20%、钾的40%,一般不再施用氮肥。

施肥方法:施肥原则是用地和养地相结合、有机和无机相结合、改土养根与施肥相结合、合理施用中微量元素肥料。具体方法是:一是环沟状施肥,适合幼树施用基肥;二是条沟状施肥,适合密植郁闭果园施用基肥;三是辐射沟状施肥,适合盛果期果园施用基肥,同一盛果期果园施肥应轮流应用以上方法;四是地膜覆盖穴贮肥水,适用于各种果园追肥,节水节肥效果明显;五是全园施肥,适于根系密布的成龄密植果园;六是根外追肥,通过叶片和枝干喷施,补充养分经济有效,适于生长的每个时期;七是树干注射供给养分,适于病、老、弱树;八是灌溉施肥,将肥料溶于灌溉水中,借助灌溉系统施肥。

研制配方肥:针对海阳市果园土壤养分存在的主要问题,研制了氮、磷、钾三元复合肥、有机、无机复混肥两种配方肥。三元复合肥中,分为氮磷钾含量17∶10∶18、17∶11∶17两种配比的硫酸钾型高浓度复合肥;有机、无机复混肥氮、磷、钾含量10∶6∶14、有机质含量25%。使用量的计算按照每生产1000kg苹果吸收氮3.0kg、磷0.8kg、钾3.2kg进行折算,在我市苹果一般亩产3000kg的情况下,需施氮24kg、五氧化二磷12kg、氧化钾27kg。

3.补充微量元素肥料

施用硼肥能显著提高苹果的坐果率和产量,对防治苹果缩果病效果十分显著。对于缺硼的苹果树可于盛花期喷施一次浓度为0.3%~0.4%的硼砂水溶液,也可于萌动前每株果树土施50~100g硼砂。

施用锌肥可有效防治苹果树的小叶病,一般病枝恢复率达90%以上,提高坐果率15%以上,增产可达20%,且能够提高叶片中的氮磷钙等的含量水平。喷施方法是用0.2%的硫酸锌与0.3%~0.5%的尿素混合液于发病后及时喷施或在春季苹果树发芽前用6%~8%的硫酸锌水溶液喷施,能起到一定的预防作用。

(五)蔬菜测土平衡施肥技术

蔬菜生产养分需要量大。主要原因:一是蔬菜的生物学产量高,需肥量要比粮食作物多,如蔬菜平均吸氮量比小麦高4.4倍,吸磷量高0.2倍,吸钾量高1.9倍,吸钙量高4.3倍,吸镁量高0.5倍。二是带走的养分多。蔬菜茎叶中的氮、磷、钾含量分别是稻麦的6.52倍、7.08倍、2.32倍;籽实或可食器官的氮、磷、钾含量分别是稻麦的2.04倍、1.49倍和6.91倍。所以收获相同产量的产品,蔬菜从土壤中带走的养分要比其他作物多。三是对某些养分有特殊需求。如喜硝态氮;对钾、钙需求量大;对硼和钼比较敏感。

不同蔬菜需肥量也不同。一是瓜类，每生产1000kg瓜类(黄瓜、西葫芦、南瓜、丝瓜等)蔬菜需吸收氮4.10kg、磷2.30kg、钾5.50kg，三要素比例为1∶0.6∶1.3，每亩产5000kg黄瓜需氮20.5kg、五氧化二磷11.5kg、氧化钾27.5kg；二是茄果类，每生产1000kg茄果类(番茄、茄子、甜椒等)蔬菜需吸收氮3.18kg、磷0.74kg、钾4.38kg，三要素比例为1∶0.2∶1.5，亩产5000kg番茄需氮15.9kg、五氧化二磷3.75kg、氧化钾21.9kg；三是叶菜类，每生产1000kg叶菜类蔬菜需吸收氮2.6kg、磷1.36kg、钾3.7kg，三要素比例为1∶0.5∶1.4，亩产5000kg约需氮13kg、磷5.8kg、钾18.5kg。

在蔬菜生产中的化肥施用量一般为吸收量的1.5～2.0倍，根据土壤养分化验结果，适当调节三者的施用比例。蔬菜生产的施肥量大、施肥次数多，因此准确掌握不同蔬菜类型的施肥时间、施肥方法尤为重要。现在把我市主要的蔬菜施肥技术总结如下：

施肥时期：黄瓜(新棚)：亩产8000kg，需施充分腐熟有机肥5000kg以上，氮50kg，磷40kg，钾50kg；全部有机肥、微肥和20％的氮、30％的磷、30％的钾作基肥，剩余的做追肥。追施：结瓜前期和后期每两次水追一次肥，结瓜盛期每浇一次水追一次肥。分别在初花期和盛果期叶面喷施多元螯合微肥。番茄(新棚)：亩产5000kg，需施充分腐熟有机肥5000kg以上，氮40kg，磷30kg，钾50kg；全部有机肥和微肥(硫酸锌1～2kg，硼砂0.5kg)，总氮的30％、总磷的50％～60％、总钾的60％作基肥，剩余的做追肥。苗期、开花坐果后追一次氮肥，以后每采一次果追一次肥。期间，适当追施腐熟好的有机肥料，喷施2～3次钙肥，一般喷硝酸钙或螯合钙肥，喷施浓度为0.1％。盛果后期还可用0.3％～0.5％尿素、0.5％～1％磷酸二氢钾叶面喷洒。

施肥方法：一是整地使用基肥；二是冲施，将肥料溶解于灌溉水中随水冲施；三是穴施，然后浇水；四是滴灌追肥，将肥料溶解于水中滴灌到植株根系周围，节水节肥效果明显；五是根外追肥，通过叶片和茎秆喷洒补充养分，经济有效，适于生长的每个时期。

六、测土配方施肥深入开展

通过测土配方施肥项目的实施，结合在农业生产管理中积累的先进经验，针对海阳市目前土壤配肥和施肥过程中存在的问题，今后要从如下几方面继续加大工作力度：

(一)加强农民培训，提高广大农民的科学素质

农民是土地的直接使用者和管理者，提高广大农民的科学素质，推广测

土平衡施肥技术，可以使土地得到合理有效地利用，使农业增产、农民增收，提高农民的种地积极性，同时培肥了地力，提高了农产品的质量。在土样采集调查中发现，部分农民的科学种田素质较低，对测土配方施肥技术缺乏认识，这对这项技术的推广应用增加了一定的难度。我们根据项目要求，加强对农民的宣传和培训，制定专门规划，把科技培训作为一项主要工作来抓，使广大农民认识到采用测土配方施肥技术的必要性，能够自觉地进行测土配方施肥。

（二）更新化验设备，增强化验能力

测土平衡施肥技术的核心是化验出标准的土壤养肥含量，我们在做好项目的宣传和培训这项技术的同时，必须做好、做强实验室的化验监测工作，这样才能使测土配方施肥技术成为切实可行的实用技术。要充分利用在全市建立起的长期定位监测点，定期进行土壤化验，测定土壤养分状况，结合肥料试验，及时提出测土配方施肥的技术要点，为农民提供精确的技术服务，使农民能够真正地感受到测土配方施肥技术的实用性，坚定他们使用这项技术的信心。

（三）加强无公害基地建设，起到龙头带动作用

海阳市近几年建设了许多无公害或生态农业生产基地，要充分利用基地的规范化生产制度，在基地推广我们的测土配方施肥技术，示范带动周边村庄农民在农业生产中使用测土配方施肥技术积极性。重点抓好以下几方面工作：一是加强基地的设施建设，配套化验监测，让龙头企业理解测土配方施肥技术，积极使用配方肥，发挥基地的龙头作用；二是科学使用优质配方肥，生产出优质的农产品，增强农产品的市场竞争能力，引起农民对无公害产品的重视，生产出更多的无公害农产品；三是严格基地的生产制度，技术人员要进行相关培训，为基地的优质生产打下坚实基础，各种农用物资要严格控制，一切以无公害生产标准为目标。

（四）顺应农业发展，做好测土配方施肥工作

随着农业种植结构调整步伐的加快，我们的推广工作一定要顺应形势，才能做到更好地为农民服务。要努力解决工作中可能出现的技术问题并提出问题的解决方案，加大新成果、新技术在本地的推广应用力度。加大科学施肥试验投入，根据土壤、施肥等条件的变化，不断更新测土配方施肥参数，使平衡施肥效益更加明显。要在土壤地力培肥中研究出不同作物、不同土壤条件下的配方施肥比例，试验出有机肥和各种微肥的最佳用量，制定出适合海阳市各土壤类型施行的测土配方施肥技术要点。

三、海阳市耕地质量存在问题与改良培肥

李云朋

通过本次对海阳市耕地地力状况调查和质量评估，基本摸清了全市耕地质量和地力状况，理清了近几年全市的耕地管理、利用状况及农业生态环境诸方面存在的问题。为了能将耕地地力状况调查与质量评估成果及时应用于农业生产，发挥科技推动作用，提高科技对农业的贡献率，全面地解决当前土地资源有限、开发潜力受限、居住占地与林牧用地矛盾、生态环境脆弱和农业生产管理过程中存在的诸多问题，我们从土壤的培肥与改良利用、农业环保与污染治理、作物的科学施肥与耕地的用养结合、土地资源的科学利用和合理配置等方面进行了专题研究。

一、耕地质量存在的问题

耕地质量主要是指耕地的农业生产能力，即耕地地力。指在当前管理水平下，由耕地土壤本身特性、自然背景条件和基础设施水平等要素构成的耕地综合生产能力。它由三个主要因素决定：一是立地条件。由与形成耕地地力直接相关的地形地貌及成土母质特征等因素组成。地形地貌指中地形部位及微地貌单元，成土母质则由第四纪岩石风化物、岩性与堆积状况构成。二是土壤条件。包括土壤剖面与土体构型、耕作层土壤的理化性状、特殊土壤的理化指标。三是农田基础设施及培肥水平。

从海阳市耕地地力调查和质量评估总体结果来看，当前海阳耕地质量存在以下问题。

（一）山丘旱地面积大

全市总耕地面积为73600hm^2，而山丘地面积为46600hm^2，占总耕地面积的63.32%；该部分地块多为山丘岭地，土层薄、沙性大、砾石含量高、质地粗蓄水保肥能力差、受干旱的威胁严重。

(二)土壤肥力偏低

全市土壤有机质总体上仍呈较低水平。检测结果表明,粮田有机质平均含量为1.2mg/kg,变化范围为0.2～2.3 mg/kg,32.9%的粮田有机质含量不足1.0mg/kg,果园有机质平均含量为1.18mg/kg,变化范围为0.1～2.3 mg/kg,38%的果园有机质含量不足1.0mg/kg,蔬菜地有机质平均含量为1.23mg/kg,变化范围为0.3～2.2mg/kg。全市粮田有效磷平均含量为28.38mg/kg,范围为0.1～72.5mg/kg,属相对丰富水平。果园土壤有效磷含量相当丰富,范围为0.7～72.5mg/kg,平均35.65mg/kg,属较高丰富水平,是农田土壤有效磷平均值的1.26倍,蔬菜地 土壤有效磷平均含量为38mg/kg。全市农田土壤速效钾含量为86.65mg/kg,果园土壤速效钾含量范围为15 ～289mg/kg,平均为104.3mg/kg,属中等水平,是农田土壤速效钾平均值的1.2倍,蔬菜地土壤速效钾含量为106.7mg/kg,变化范围为31～378mg/kg。

(三)农田设施与农业发展要求差距大

海阳市的农业生产受自然因素影响很大,农田设施没有的或不完善的,还占有相当大的面积,抗拒自然灾害的能力弱,靠天吃饭的现象依然存在,现代化的农业设施覆盖面还小。

(四)耕地自身障碍因素

1.土体薄

根据土壤普查结果,全市土体小于60cm的可利用面积为77500hm^2,占总可利用面积36.05%;耕地面积为39100hm^2,占总耕地面积的20.69%;在100cm土体内,夹有各种障碍层的24800hm^2,占总可利用面积的11.53%,耕地面积18700hm^2,占总耕地面积的9.89%。以上两项耕地面积合计为57800hm^2,占总耕地面积的30.58%。而土体小于60cm的土壤主要分布在丘陵中上部,其特点是土层浅薄、砾石含量多、结构不良、养分含量低、水土流失严重,不利于作物生长,极易发生旱灾,影响了作物产量的提高,由于长期土壤侵蚀造成的旱、瘦、薄、粗等障碍因素,土层浅薄对天然雨水的接纳与保蓄受到制约。

2.水、肥、气、热矛盾突出,季节性旱涝严重

部分土壤由于活土层浅,常年实行匀深耕作,形成了坚实的犁底层,有的心土层黏重,易旱易涝,部分河潮土由于成土分选作用强,土体内有砂质夹层,特别是浅位厚层夹砂,引起水肥严重渗漏,加之水源缺乏,水利设施不完善,经常处于干旱状态,作物产量受到限制。

3.耕作层变浅,犁底层坚硬

近年来，受到家庭经营的限制，小型拖拉机取代了过去大中型拖拉机的机耕作业，使土壤耕层有普遍变浅的趋势，部分耕地的耕层已小于15cm。目前，深的耕层也只不过20cm左右。由于长期使用小型机械作业，并在同一深度翻耕，耕作层以下形成坚实的、通透性较差的犁底层，使得土壤结构、容重、空隙度等发生变化。据测定，此层容重为大于1.65g/cm^3。而深耕深翻可大大改变土壤的物理性状(表1)。

表1　　深翻改善物理性状调查(测定30cm)

处理	容重	总孔隙度	毛管孔隙度	通气孔隙度
深翻30cm	1.25	52.5%	33.8%	18.7%
深翻20cm	1.33	48.8%	40.3%	7.9%

4.土壤养分比例失调，土壤环境受到影响

据全市5214个农田土样检测结果表明：土壤有机质平均含量1.2mg/kg，土壤碱解氮含量76.5mg/kg，有效磷30.7mg/kg，速效钾91.5mg/kg。与第二次土壤普查相比，表现出：土壤有机质有所提高，但总体仍偏低；碱解氮提高了26mg/kg，但属偏低；有效磷提高了23.8mg/kg，出现积累；速效钾提高了38.5mg/kg，但目前土壤钾的含量仍然偏低，在某些作物上缺钾症状非常明显。其中，麦田和花生田有机质有所上升，果园出现下降，有机质含量均在2mg/kg以下，属于较低水平；小麦田、花生田与果园有效磷均发生积累，尤其果园土壤磷较第二次土壤普查时增加了28.73mg/kg，积累明显；各作物土壤速效钾均有不同程度增加，尤其果园增加了51.3mg/kg。

受长期习惯施肥的影响，盲目施肥造成土壤氮、磷、钾三元素比例失调，不仅影响肥效的发挥，也造成肥料的极大浪费和土壤环境的重度污染。

解决这些问题的中心环节是：增加有机肥料投入，扩大秸秆还田面积，推广配方施肥技术，提高肥料利用率，改善土壤环境。

5.土壤酸化程度加剧

土壤偏酸是本次调查发现的突出问题之一。造成土壤酸碱度降低的原因很多，但重要的还是重氮肥、重施生理酸性肥料、轻有机肥所致。特别是化肥的单一施用或大量施用，冲击或破坏土壤结构和土壤养分平衡，致使土壤酸化。当然，也不排除环境恶化等其他原因。解决这些问题的主要方法仍是增施有机肥料，配方施肥，个别酸化严重的地块也可适量增施白石灰，面上提倡施用生理中性和碱性肥料。

另外，人多地少所面临的社会经济压力，在土地资源综合开发利用、建立合理的农林牧用地结构方面，以及合理利用与保护耕地的矛盾突出、耕地面积减少、水旱灾害频繁、水土流失严重、生态环境脆弱和土壤肥力失衡等问题，仍然是制约我市农业发展的重要障碍因素。

二、改良利用与耕地培肥的总体原则

(一)耕地改良与培肥综合论述

针对本次耕地地力调查发现所存在的问题，结合我市今后农业产业结构调整优化及农业可持续发展战略的实施，初步确定了我市耕地保养方面，特别是中、低产田的改良方向。主要技术措施如下：

1. 培肥地力

通过实行秸秆还田，增施有机肥，轮作换茬，推广测土配方施肥技术等措施，促进土壤养分稳步提高，培肥地力。

2. 加大农田基本建设，兴修水利，提高耕地级别

加大基本农田建设投资，兴修水利，改善田间水利设施，提高灌溉保证率，增强耕地抵御自然灾害的能力，促进地力升级。

3. 改善耕地物理性状，提高耕地保水保肥、供肥供水能力

通过深耕、深翻，加厚活土层，通过治黏、治砂等工作，克服土壤存在的限制因素，改善耕地物理性状，并大力发展农业节水，提高耕地保肥保水、供肥供水能力。

(二)土壤改良利用分区的依据

土壤改良利用分区是对土壤属性、生产性能进行分析对比，揭示土壤资源对发展农业生产的有利因素和不利因素。从发展农业生产的角度出发，根据土壤肥力属性、组合特点及其自然条件和经济条件的内在联系，分类排队综合区划。土壤改良利用分区的依据是：

1. 土壤基本特点和发展方向的相对一致性

土壤类型组合、肥力特性与成土因素有密切关系，土壤的属性又直接影响农业生产的发展。土壤改良利用分区既考虑土壤、自然条件和农业生产的类似性，同时也考虑到了农业生产远景发展的一致性。

2. 土壤开发利用情况和生产水平的相对一致性

土壤资源质量的优劣、人均耕地的多少、自然条件的好坏直接影响科学种田水平的高低，这与土壤开发利用水平有十分密切的关系，而科学种田水平和农作物产量水平具有相对的一致性，因此，土壤开发利用情况和农业生产水平的相对一致性，是确定土壤改良利用分区的重要依据之一。

3.土壤障碍因素与改良培肥等关键措施的相对一致性

土壤的各种障碍因素,以及影响和产生这些障碍因素的自然条件,决定着土壤培肥途径和适宜改良利用措施的选用。研究土壤改良利用分区,必须考虑到土壤障碍因素、自然条件、培肥途径及相关措施的相对一致性,才能达到预期目的。

4.保持一定自然单元的完整性

进行土壤改良利用分区时,根据各个相关因素的内在联系,进行整体性综合分区,尽量照顾自然单元的完整性,以便独立统一地进行土壤改良利用。海阳市土壤改良利用分区采用两级分区制,第一级为区,第二级为片。一级区主要依据土壤类型、属性、利用特点及主要生产问题进行分区,提出一直性的改良利用方向和措施。二级区(片)依据障碍因素类型及危害程度,改良措施等进行分片。二者有机结合,既体现了区或类型土壤的特点,又指出了区或类型土壤资源发展利用的方向。

三、海阳市土壤改良利用分区方案

按上述分区依据和我市土壤状况,全市可划分三个改良区,六个改良类型。

(一)低山丘岭水土保护区

该区以招虎山系为主体。包括盘石、朱吴、东村、方圆、里店镇北部、小纪镇东北部及林寺山、晶山、肚子顶山、南、北榆山、高顶山(徐家店至发城)、荷叶山、孤山、香山、垛山、驼母山、龙山、西迟格一带的帽子山、玉皇顶山、徽村北的镜山、窝铺顶山、大辛家的菩萨顶、烟墩、南台顶山及盘石的大寨山、朵朵石山、丛马院蚕场的崮顶山及其他孤山。全区耕地面积 30800hm^2,占全市总耕地面积的16.30%。本区根据地形地貌及土壤状况又分为两个分区。

1.护坡育林保持水土分区。本分区主要是在海拔300m左右的低山群区和坡度较大,海拔较高的孤山中上部。主要土壤类型是极薄层和薄层棕壤性土、褐土性土,其地势陡峭,坡度大,水土流失严重,土层浅薄,质地粗,不耐干旱,耕作困难,作物产量低而不稳,经济效益低下。耕地面积23400hm^2,占全市总耕地面积的12.38%。从经济效益和平衡生态来看,该分区以退耕还林还牧为主,蓄水保土,防止水土的严重流失。

2.林果农作治理分区。该分区从地形高度分,是在该大区低山群的基部及延伸出的低缓丘陵和孤山的中下部,但地势较高。如朱吴的庙后、北石现、吴家沟、上、下尹家、东石现、黑崮、沟杨家一带;盘石镇的栾家疃、杨格庄、周家沟和双山后一带；方圆街道的牟家、东村街道的羊角沟、倪家、薛家庄和里店镇的埠峰、修家夼、上庄、花园和窦疃一带及招虎山群下部。土壤类型主要是：薄层棕壤性土、褐土性土及部分中层土体的棕壤和褐土。全分区耕地面积 7300hm²，占全市总耕地面积的 3.89%。该分区地势较高，多为梯田，高差较大，水土流失严重，土质粗，保肥、保水能力差，耐涝而不抗旱，主要种植地瓜、花生，产量低而不稳。其利用途径应根据地形部位的高低、土壤条件和水利设施及水土保持等情况而定，如坡度较大、土层浅薄的性土区，以种树为主，使乔、灌木与杂草上下立体共存。以提高地面覆被度，涵养水源；土体较厚的褐土性土、棕壤性土和薄层棕壤地片，以发展果园为主；位居山根和地势较平的薄层棕壤或褐土上，应以粮油为主，积极发展粮油生产。改良措施包括：

(1)复修加高地堰，加深堰下沟，挖好排水沟，防止水土流失，使土壤土体逐步加厚，质地逐步变细，提高土壤的保肥能力。

(2)增施有机肥，增加土壤有机质，改良土壤结构状况，提高土壤的理化形状，培肥地力，提高土壤的生产性能。

(3)有计划地进行深耕深翻，加深活土层，整平地面，提高土壤的蓄水能力，减少地面径流量，提高土壤的抗旱能力。

(二)丘、泊地农作培肥区

该区除朱吴、盘石镇的少部分山涧泊地、河滩地外，广泛分布于全市的平泊地和缓丘的岭坡上。其土壤类型是典型棕壤、潮棕壤、褐土、潮褐土和河潮土亚类。土壤土体厚度一般大于 60cm，表层质地较细，地势比较平缓，并具有一定水浇条件，是全市粮油主要产区。耕地面积 54800hm²，占总耕地面积的 28.99%。根据该区地形、土壤类型、土壤质量和水利设施条件的差异又分为两个分区。

1. 粮油轮作培肥分区。该分区从地貌上看主要是缓坡丘陵地，土壤类型主要是典型的棕壤、褐土和部分土体较厚的棕壤性土和褐土性土，其分布于徐家店镇的嵩夼、大候家，郭城镇的迎驾山至康家河、于家长沙一带；朱吴镇的湖河头、下涝泊；小纪镇的夹格庄、安夼至庙山、老古山一带；里店镇的靠山、王家泊，辛安镇的北茂梓、石楼耩一带；东村街道的棉花顶周围等。全分区耕地 10300hm²，占全市总耕地面积的 5.45%。

该分区地形特点，缓丘相连，地面小而不平，耕种利用过度，水肥流失严重，土层较薄，土质较差，土壤肥力低，水浇条件差，不抗旱。当前主要是粮油轮作，产量低而不稳。今后的利用方向仍以粮油轮作为主，扩大花生与其他作物的轮作，因地制宜地种植水果等，以提高该分区的利用价值。针对在生产上的障碍因素，其改良措施应突出抓好以下五条：

(1)广辟肥源，实行秸秆还田，增施有机肥，增加土壤有机质，改良土壤理化性状，提高地力。

(2)大力推广测土配方施肥技术，改善该分区内的氮、磷、钾比例。

(3)深翻改土，加厚活土层。该分区的土壤土体较薄，活土层浅，特别是有夹粘、夹砾石层的土壤，对土壤抗灾和生产性能影响较大。应有计划地进行深翻改土，整平地面，提高土壤的蓄水抗灾能力和土壤的生产性能。

(4)整修梯田，搞好三沟配套。该分区的耕地主要是梯田，由于地堰低矮、地面不平、径流量大，水肥流失严重，绝大部分农田土体厚度有越来越薄的趋势。解决这一问题的关键措施是整修梯田，加高外堰埂，加深堰下沟，修好排水沟，挖好地内竹节沟，逐步建成高标准梯田，以防止水肥土流失。

(5)积极开发水源，引水上山，扩大灌溉面积，干旱缺水是影响该分区生产发展的主要障碍因素之一。应在抓好综合改良措施的基础上，积极开发水源，引水上山，扩大灌溉面积，挖掘增产潜力。

2.精种高产片。该分区主要分布在东部的大辛家、梁家、霞河头、后望海、大榆村、城阳、嵩潜、凤城和大闫家一带、西部的辛安、行村、田村、廒子、东村庄、梨园、前沙、新庄头、寨头至夏屋庄、坊坞、发城、湖西、多英、南北泊子、北水头、古现和葛家等一带。耕地面积 33400hm^2，占全市总耕地面积的17.67%。该片土壤类型为潮棕壤、潮褐土、均壤质河潮土和部分有水浇条件的典型棕壤。表层质地多为轻壤或中壤，是小麦、玉米或小麦、花生一年两作的精种高产片。

该区发展生产的有利条件是：地势平坦，土体较深厚，质地较适宜，有一定的水浇条件，产量高而稳定。影响生产发展的障碍因素是：土壤养分含量低，保浇面积少，水利设施不配套，受不同程度的旱涝灾害威胁。河潮土有夹砂层，质地较粗，漏肥漏水，产量较低。要进一步提高该分区的农作物产量，应突出抓好以下四条改良措施：

(1)增施有机肥，实行测土配方施肥，合理增施氮、磷、钾肥。该分区土壤养分含量属缺和极缺范围。如有机质、速效磷、速效钾都相对较低，这是粮油产量低的主要原因之一。要进一步提高其粮油生产水平，必须重视有机肥，有计划地进行秸秆还田，使土壤内的腐殖质、微生物和土壤结构在数量和质量上都保持在一定水平上。土壤速效养分：海阳市北部好于南部，西部好于东部，东部和北部略高于西南部。所以氮、磷、钾速效肥的施用，应掌握普遍而科学地增施氮、磷、钾肥，增加土壤养分，为提高产量奠定基础。

(2)搞好水利设施配套，扩大水浇面积，提高灌溉效益。该分区虽具有一定的水浇条件，但由于塘坝水库的水是涝年足、旱年枯，保浇面积变化大，加之水利设施不配套，地面不平，渗漏严重，水的利用率低。要扩大浇灌面积，做到旱涝保收，应进一步搞好水利设施配套，实行长畦短灌，以节约用水，并充分发挥地下水的效益，防止大水漫灌，破坏土壤的理化性状，以减少养分流失。

(3)积极建设和扩大园田化的高产田。该分区土壤在生产上的障碍因素，除养分含量低和受干旱威胁外，地面不平和部分河潮土及典型棕壤土体内有夹砂和夹黏层。要提高产量，应有计划地进行深耕翻，破除夹层和整平地面。使原来的河滩地低产田变为高产田。

(4)认真搞好间套复种，充分利用光热资源。该分区的利用方式是在抓粮食作物精种高产的基础上，稳定栽培面积，在沿河两岸的粗、松、紧沙的河潮土，可适当发展部分产值高的经济作物，如实施粮菜等间作复种，充分利用光热资源，提高其经济产值。做到因地制宜，充分利用和发挥不同土壤类型的增产潜力。

(三)滨海综合开发区

该区主要分布在沿海的近海滩地，因受海潮的影响，地下水位浅，含盐量平均18.89mg/kg，由于上行水大于下行水，地表聚盐，盐斑明显，土壤母质来源主要是河流冲积或海相沉积，土壤类型有滨海盐化潮土、滨海潮盐土和滨海滩地盐土。该分区耕地面积16500hm^2，占全市总耕地面积的8.73%。根据其土壤类型特点和利用方向，该区分两个分区。

1.滨海植树海浴开发分区。该分区西起鲁口、东至龙门石的沿海高潮线内侧，主要土类是滨海盐化潮土和滨海潮盐土，土壤含砂和含盐量较大。滨海盐化潮土因受盐害威胁，农业种植很难保全苗。沿近海浅水处纯系细砂，适宜开发旅游事业。该分区的改良利用途径包括：

(1)修筑台田，开挖排水沟，降低地下水位，引水洗盐，降低土壤含盐量，提高土壤生产性能。

(2)种植耐盐植物，降低土壤含盐量，增加有机质，改良土壤理化性状，培肥地力，变荒地为农田。

(3)积极发展棉槐和营造黑松防风林，变荒滩为绿洲，为人造福，增加收入。

2.滩涂盐业养殖开发分区。主要分布在行村、辛安和大闫家镇沿海一带，土壤类型为滩地盐土，总面积 4400hm^2，除部分开垦为盐田外，大部是盐荒地和滩涂。因其含盐量高，不适宜发展农业，改良利用途径包括。

(1)积极发展盐业和加工业。

(2)大力开发滩涂养殖业和围海造田、植苇种稻等。

(3)在废盐田和盐荒地上构筑台、条田，沟内发展海水养殖，台、条田经过雨水淋洗，逐步种植耐盐作物和棉槐等，以吸收降低土壤含盐量和增加土壤有机质，逐步改变成农田。

四、海阳市耕地改良利用分区

闫振芹

耕地是农”业生产和农业可持续发展的重要基础。耕地维持着作物生产力，影响着环境的质量和动物、植物甚至人类的健康。自1979～1985年第二次土壤普查以来，随着农村经营体制、耕作制度、作物品种、种植结构、产量水平和肥料使用等方面的显著变化，耕地利用状况也发生了明显改变。近年来，虽然对部分耕地实施了地力监测，但至今对区域中低产耕地状况及其障碍因素等缺乏系统性、实用性的调查分析，使耕地利用与改良难以适应新形势下农业生产发展的要求。因此，开展区域耕地地力调查评价，摸清区域中低产耕地状况及其障碍因素，有的放矢地开展中低产耕地的科学改良利用，挖掘区域耕地的生产潜力，对于海阳市耕地资源的可持续利用具有十分重要的意义。

一、耕地改良利用分区原则与分区系统

（一）耕地改良利用分区的原则

耕地改良利用区划的基本原则是：从耕地自然条件出发，主导性、综合性、实用性和可操作性相结合。按照因地制宜、因土适用、合理利用和配置耕地资源，充分发挥各类耕地的生产潜力，坚持用地与养地相结合，近期与长远相结合的原则进行。以土壤组合类型、肥力水平、改良方向和主要改良措施的一致性为主要依据。同时，考虑地貌、气候、水文和生态等条件以及植被类型，参照历史与现状等因素综合考虑进行分区。

（二）耕地改良利用分区系统

根据耕地改良利用原则，将影响耕地利用的各类限制因素归纳为耕地自然环境要素、耕地土壤养分要素和耕地土壤物理要素，将全区耕地改良利用划分为三个改良利用类型区，即：耕地自然环境条件改良利用区、耕地土壤培肥改良利用区、耕地土体整治改良利用区，并分别用大写字母E、N和P表示。各改良利用类型区内，再根据相应的限制性主导因子，续分为相应的具体改

良利用亚类。

二、耕地改良利用分区方法

(一)耕地改良利用分区因子的确定

耕地改良利用分区因子是指参与评定改良利用分区类型的耕地诸属性。由于影响的因素很多,我们根据耕地地力评价,遵循主要因素原则、差异性原则、稳定性原则、敏感性原则,进行了限制主导因素的选取。考虑与耕地地力评价中评价因素的一致性,考虑各土壤养分的丰缺状况及其相关要素的变异情况,选取耕地土壤有机质含量、耕地土壤有效磷含量、耕地土壤速效钾含量、耕地土壤有效锌含量和耕地土壤有效硼含量因素作为耕地土壤养分状况的限制性主导因子;选取灌溉保证率、坡度和有效土层厚度作为耕地自然环境状况的限制性主导因子;选取耕层质地条件和土体构型作为耕地土壤物理状况的限制性主导因子。

(二)耕地改良利用分区标准

依据农业部《全国中低产田类型划分与改良技术规范》,根据山东省各县区耕地地力评价资料,综合分析目前全省各耕地改良利用因素的现状水平,同时针对影响海阳市耕地利用水平的主要因素,邀请具有土壤管理经验的相关专家进行分析,制订了耕地改良利用各主导因子的分区及其耕地改良利用类型的确定标准。具体分级标准见表 1。

表 1　　耕地改良利用主导因子分区标准

耕地改良利用区划	限制因子	代号	分区标准
耕地土壤培肥改良利用区(N)	有机质(o,g/kg)	No	＜12
	有效磷(p,mg/kg)	Np	＜15
	速效钾(k,mg/kg)	Nk	＜100
	有效锌(Zn,mg/kg)	NZn	＜0.5
	有效硼(b,mg/kg)	Nb	＜0.5
耕地自然环境条件改良利用区(E)	灌溉保证(i,%)	Ei	灌溉保障率低于 50%
	坡度(s,°)	Es	＞10°
	有效土层(d,cm)	Ed	＜60cm
耕地土体整治改良利用区(P)	耕层质地(t)	Pt	砂土、砂壤、粗骨土
	土体构型(c)	Pc	土体中有障碍层次

(三)耕地改良利用分区方法

在GIS支持下,利用耕地地力评价单元图,根据耕地改良利用各主导因子分区标准在其相应的属性库中进行检索分析,确定各单元相应的耕地改良利用类型,通过图面编辑生成耕地改良利用分区图,并统计各类型面积比例。

三、耕地改良利用分区专题图的生成

(一)耕地土壤培肥改良利用分区图的生成

根据耕地土壤养分限制因素分区标准把海阳市耕地有机质分为两类,即有机质改良利用区和有机质非改良利用区,有机质改良利用区以代号No标注,同样,有效磷改良利用区用代号Np标注,速效钾改良利用区用代号Nk标注,有效锌改良利用区用符号NZn标注,有效硼改良利用区用代号Nb表示。编辑生成耕地土壤培肥改良利用分区图(图1)。

(二)耕地自然环境条件改良利用分区图的生成

根据耕地自然环境条件限制因素分区标准进行海阳市耕地改良利用分区。灌溉保证条件分为灌溉保证条件改良利用区和灌溉保证条件非改良利用区,改良利用区用代号Ei标注,坡度条件分为坡度条件改良利用区和坡度条件非改良利用区,坡度条件改良利用区以代号Es标注,有效土层厚度分为有效土层改良利用区和有效土层非改良利用区,有效土层改良利用区以代号Ed。标注结果见图2。

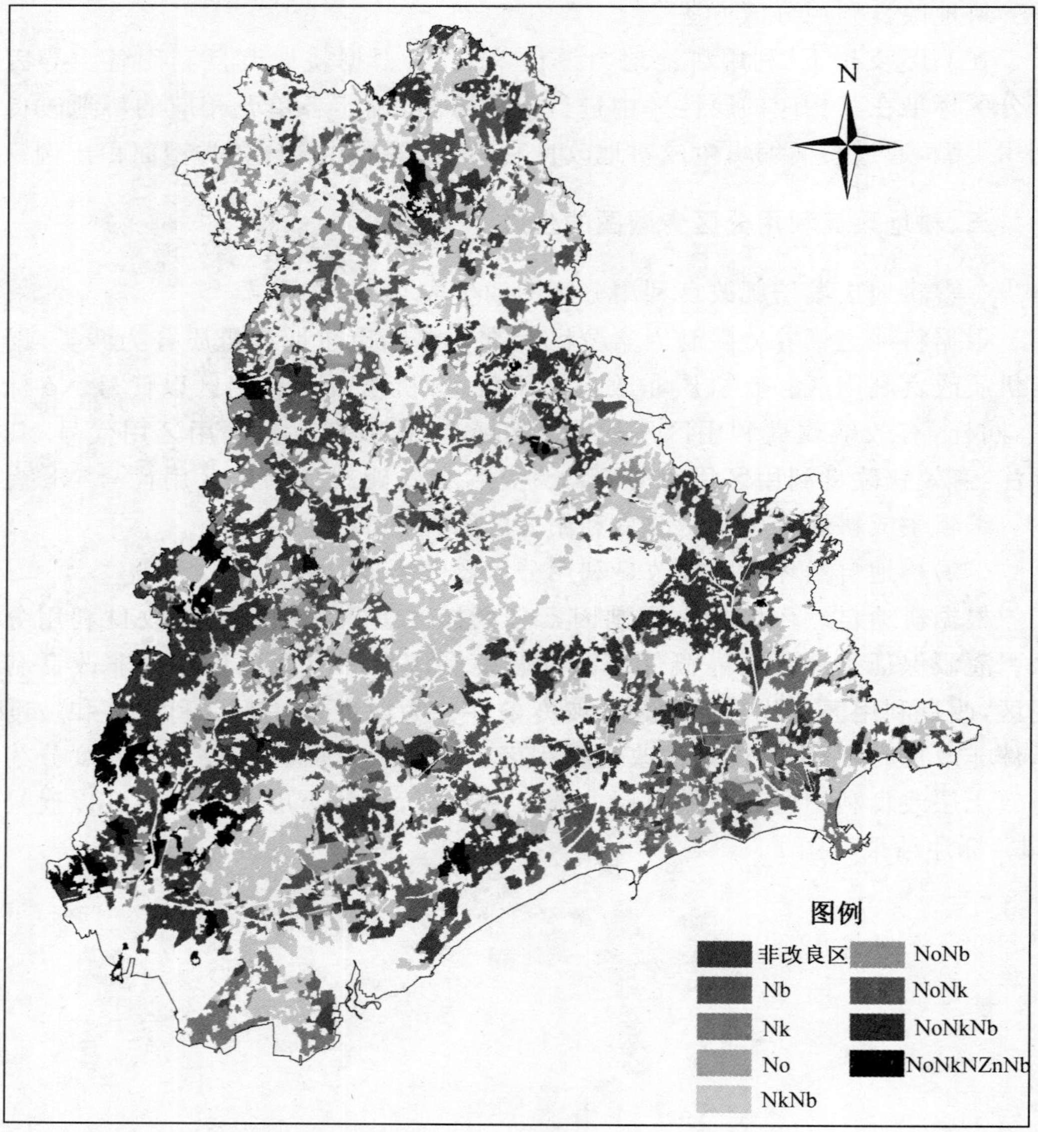

图 1　耕地土壤培肥改良利用分区图

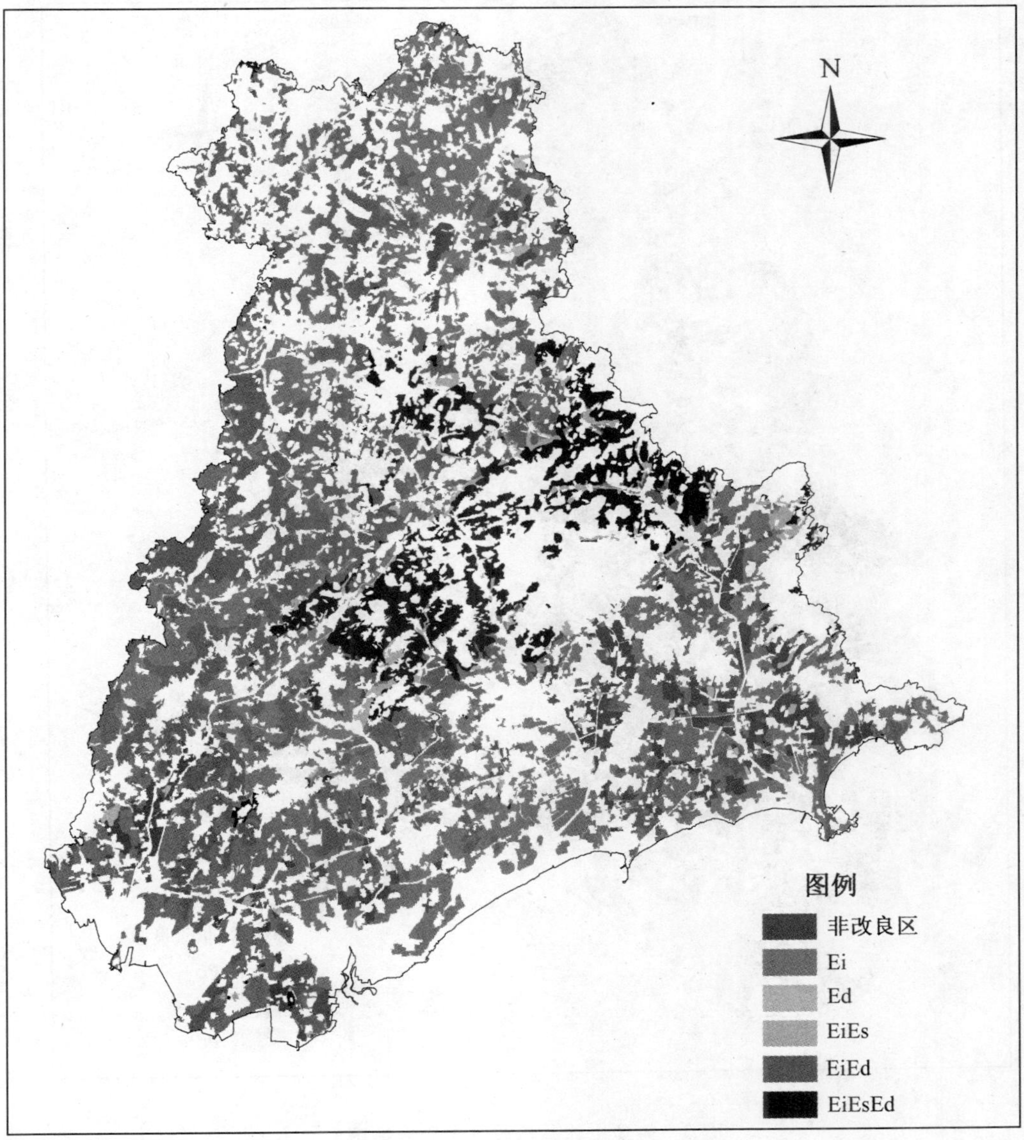

图 2　耕地自然环境条件改良利用分区图

（三）耕地土体整治改良利用分区图的生成

根据耕地土地条件限制因素分区标准，耕地耕层质地条件改良利用区用符号 Pt 标注，耕地土体构型改良利用区用符号 Pc 标注。在 GIS 下检索生成耕地土体整治改良利用分区图（图 3）。

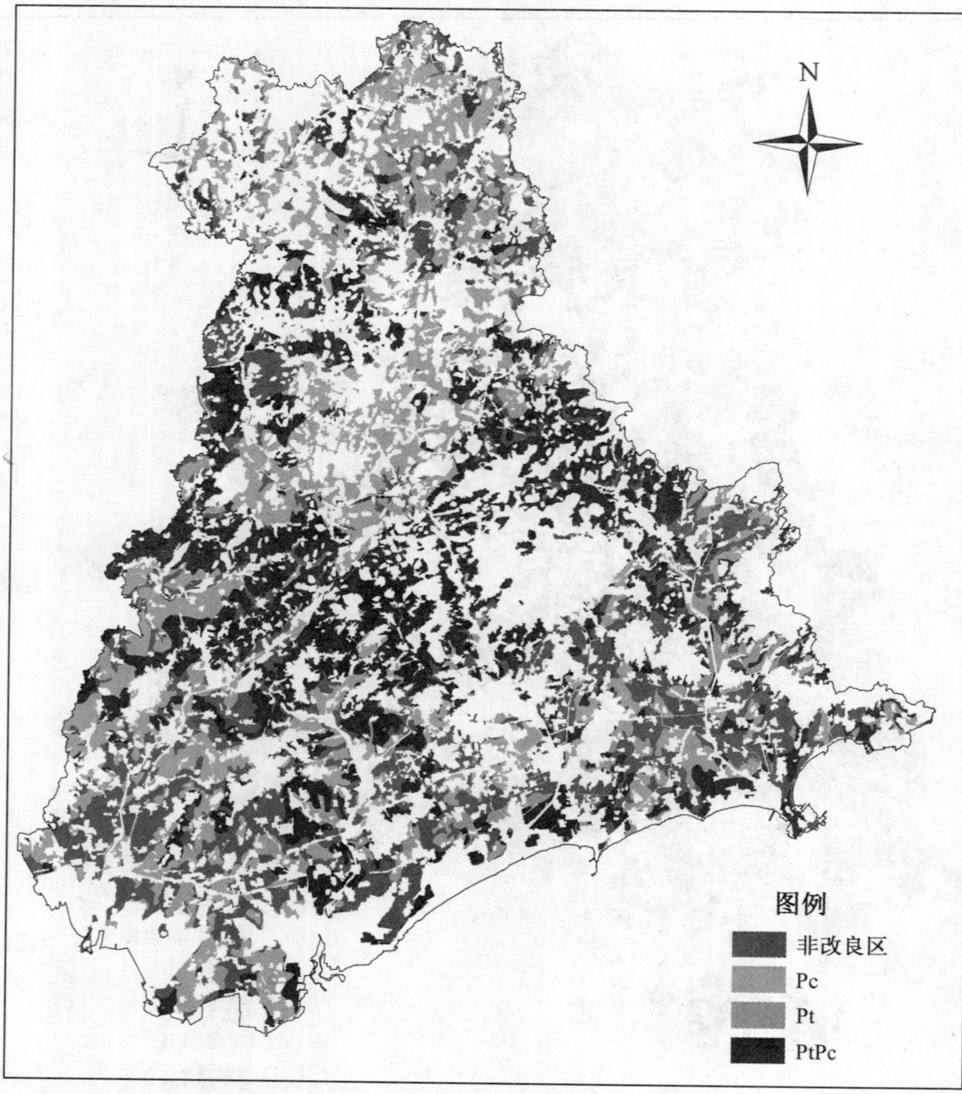

图3 耕地土体整治改良利用专题图

四、耕地改良利用分区结果分析

(一)耕地土壤培肥改良利用分区面积统计及问题分析

海阳市耕地土壤培肥改良利用区各改良利用类型面积及其比例见表2。

表 2　　海阳市耕地土壤培肥改良利用分区面积统计表

改良利用分区	No	Nk	Nb	NoNb	NoNk	NkNb	NoNk Nb	NoNk NZnNb	非改良区
面积(hm^2)	1157.87	3954.81	8857.09	5984.89	3484.69	22268.81	23684.55	3202.82	1004.79
百分比(%)	1.57	5.37	12.03	8.13	4.73	30.26	32.18	4.35	1.38

由图 1 和表 2 可以看出，海阳市土壤主要养分状况总体较差，非改良耕地面积1004.79hm^2，占耕地总面积的 1.38%。其中缺乏有机质的耕地面积为1157.87hm^2，占耕地总面积的 1.57%；缺乏钾素的耕地面积为 3954.81hm^2，占耕地总面积的 5.37%；缺乏微量元素硼的耕地面积为 8857.09hm^2，占耕地总面积的 12.03%。缺乏单一养分的耕地面积为 13969.77hm^2，占耕地总面积的 18.97%；同时缺乏两种养分的耕地面积为31738.39hm^2，占耕地总面积的 43.12%；同时缺乏三种养分的耕地面积为 23684.55hm^2，占耕地总面积的 32.18%；同时缺乏四种养分的耕地面积为 3202.82hm^2，占耕地总面积的 4.35%。全区磷素含量较高，不需培肥改良。可以看出，海阳市总体土壤养分偏低，除单一养分有机质、速效钾、有效硼比较缺乏外，同时缺乏两种及两种以上的土地面积也较大，同时需要培肥改良的耕地分布也比较广泛。

从各类型面积比例看出，海阳市耕地土壤培肥改良的主要方向为增施钾肥和微肥，同时应注重有机肥料的施用，逐步提高土壤有机质和钾素含量，从而整体上提高海阳市耕地整体肥力水平。

(二)耕地自然环境条件改良利用分区面积统计及问题分析

海阳市耕地自然环境条件改良利用区各改良利用类型面积及其比例见表 3。

表 3　　海阳市耕地自然环境条件改良利用分区面积统计表

改良利用分区	Ei	Ed	EiEd	EiEs	EiEsEd	非改良区
面积(hm^2)	31706.06	558.47	24123.55	1404.59	9195.59	6612.08
百分比(%)	43.08	0.76	32.78	1.91	12.49	8.98

由图 2 和表 3 可以看出，海阳市耕地自然环境条件相对较差，由于自然环境条件受灌溉和土层厚度的影响较大，因此北部和南部的自然条件优于中部地区的自然条件。在对海阳市耕地自然环境条分析的基础上，得出只有8.98%的耕地面积不需改良，需要多种条件改良的耕地主要分布在海阳市的中部和北部地区。其中灌溉保证水平需要提高的耕地面积为 31706.06hm^2，

占耕地总面积的43.08%；有效土层厚度需要改善的耕地面积为558.47hm²，占耕地总面积的0.76%；单一坡度条件没有需要改善的耕地。单一自然条件需要改善的耕地面积为32264.53hm²，占耕地总面积的43.84%；两种自然条件需要改善的耕地面积为25528.14hm²，占耕地总面积的34.69%；三种自然条件需要改善的耕地面积为9195.59hm²，占耕地总面积的12.49%。可见，海阳市耕地自然环境条件改良利用的主要方向为改善耕地灌溉条件和土层厚度，提高灌溉保证率，增加有效增加土层厚度，防止水土流失，保护耕层土壤。

（三）耕地土体整治改良利用分区面积统计及问题分析

海阳市耕地土体整治改良利用区各改良利用类型面积及其比例见表4。

表4　海阳市耕地土体整治改良利用分区面积统计表

改良利用分区	Pt	Pc	PtPc	非改良区
面积(hm²)	1778.59	23260.97	26868.92	21691.84
百分比(%)	2.42	31.6	36.51	29.47

由图3和表4可以看出，海阳市耕地土体结构整体较好，不需改良的耕地面积为21691.84hm²，占耕地总面积的29.47%。需要改良的面积主要分布在海阳市中部地区和北部地区。耕层为砂壤、砂土或者耕层中含有石渣土、粗骨土等障碍性层次。其中耕层质地较差的耕地面积为1778.59hm²，占总耕地面积的2.42%；土体构型较差的耕地面积为23260.97hm²，占总耕地面积的31.6%。单一条件较差的耕地面积为25039.56hm²，占耕地总面积的34.02%；两种条件都较差的耕地面积为26868.92hm²，占耕地总面积的36.51%。

总之，对于耕层质地较差的地区宜采取秸秆还田、增施有机肥料等措施，来改善偏沙的土壤表层质地，对于两种情况都需要改良的地区，除采取上述措施外，还应采取深耕等措施来改善不良的土体结构，这将是海阳市耕地土体整治改良的主要方向。

五、耕地改良利用对策及措施

（一）增加经济投入，加大耕地保护力度

农业是既要承担自然风险又有市场风险的弱质产业，保护农业是国民经济发展中面临的重大问题。由于调控体制不健全，受比较利益驱使，各层次资金投入重点向非农业倾斜，资金投入不足已成为农业生产发展的主要制约因素。要达到农业增产的途径就要增加耕地投入，加强中低产田改造，不断提高耕地的质量，从而提高耕地利用的经济效益。海阳市宜进一步加强对耕地改良利用的投入，通过对耕地的改良逐步消除制约耕地生产力的限制因素，培肥地力，改善农业生产条件和农田生态环境。

（二）平衡施肥，用养结合，增施有机肥料，培肥地力

长期以来，海阳市在耕地开发利用上重利用、轻培肥、重化肥、轻有机肥，虽然全区化肥的施用量逐年增加，但有机肥投入量却逐年减少，且投入的化肥以氮磷肥为主，引起土壤养分特别是速效钾和微量元素含量的下降和矿质养分的失衡，导致耕地肥力下降。全区普遍存在速效钾含量偏低和微量元素特别是有效硼含量偏低等限制性因素。因此，海阳市要持续提高中低产耕地的基础地力，为农作物生长创造高产基础，必须将用土与养土妥善结合起来，广辟有机肥源，重视有机肥的施用，提倡冬种绿肥和使用有机—无机复混肥。同时应利用中低产耕地调查评价成果，科学指导化肥的调配，采用科学优化平衡施肥，重视合理增施钾肥和微肥，不断培肥地力，实现中低产耕地资源的永续利用。

（三）加强水利建设，改善灌溉条件，注重农田基本设施建设。

水是作物生长的必要条件，灌排条件与耕地的基础地力有着密切的关系。因而可以通过采取以下措施，实现自然降水的空间聚集，改善区域农田的土壤水分状况，推广节水灌溉技术，改善和扩大灌溉面积。

1.健全灌溉工程，改善灌区输水、配水设备，加强灌溉作业管理，改进地面灌溉技术，采用增产、增值的节水灌溉方法和灌溉技术。应加强水利建设，修筑田埂，防止水土冲刷，安排好水利规划，修好水渠，制止渗漏，加强管理，提高引灌水的利用率。

2.人工富集天然降水，建造大、中、小型蓄水池、塘等蓄水体系，将集纳雨水、拦截径流和蓄水有效结合起来，在作物需水的关键时期进行灌溉，解决作物的需求和降水错位的矛盾，以充分发挥水分的增产效果。

3.改善土壤结构，增加土壤的蓄水能力，通过对土壤增施有机物料（如施用有机肥、秸秆还田等）和应用土壤改良剂，改良土壤结构，增强土壤结构的稳定性，提高土壤对降水的入渗速率和持水量。

（四）采用农业措施改良土壤质地、改善土体结构

海阳市中部山区耕地土壤限制性因素主要为土层薄、水土流失严重，要从调整土地利用结构和建设基本农田起步，改广种薄收为集约经营，改单一经营为农、林、牧、副全面发展，因地制宜，全面规划，综合治理，连续治理，实

行生物措施与工程措施相结合、坡地治理与沟道治理相结合、田间工程和蓄水保土耕作相结合。在不宜种粮的粗骨土和棕壤性土、褐土性土上，因地制宜的大力发展果、药土特产；在土层较厚的地方，可以发展果粮间作，以尽快提高经济效益；在交通不便的山区选种板栗、苹果等；在土层薄、水土流失严重的地方，应先种草、养畜，发展牧业生产。

（五）集约化利用耕地资源，发展生态型可持续农业，改善生态环境

耕地生态环境质量的高低是保证农作物持续稳产、高产、优产、高效的重要前提。根据海阳市资源优势以及生态环境的特点，因地制宜地利用耕地资源，通过合理轮作、科学间套种等措施，增加复种指数，努力提高耕地资源的利用率。注重多物种、多层次、多时序、多级质能、多种产业的有机结合，农、林、牧、副、渔并举，建立生态型可持续农业系统，达到经济、生态和社会效益的高度统一。此外，应重新审视耕地承包到户政策所致的耕地经营权分散在新形势下出现的不利耕地资源规模集约经营的缺点，努力探讨建立“公司＋农户”或各种专业化合作组织等耕地规模集约经营模式，提高全区耕地资源的集约经营和经济效益。

图书在版编目(CIP)数据

海阳耕地/于国进,范美玲主编.—济南:山东大学出版社,2010.12

ISBN 978-7-5607-4285-4

Ⅰ.①海...
Ⅱ.①于... ②范...
Ⅲ.①耕地—土地资源—质量评价—海阳市
Ⅳ.①F323.211

中国版本图书馆 CIP 数据核字(2010)第 261757 号

山东大学出版社出版发行
(山东省济南市山大南路 27 号　邮政编码:250100)
山东省新华书店经销
山东新华印刷厂印刷
787×1092 毫米　1/16　10 印张　17 插页　185 千字
2010 年 12 月第 1 版　2010 年 12 月第 1 次印刷
定价:37.00 元